NATIONALE HEILUNG

Josephat Mutangadura
Archford Muchingami-Balance

NATIONALE HEILUNG UND VERSÖHNUNG IN SIMBABWE

Die Sichtweise der Vereinigten Methodisten

ScienciaScripts

Cover image: www.ingimage.com

This book is a translation from the original published under ISBN 978-620-6-78904-8.

Publisher:
Sciencia Scripts
is a trademark of
Dodo Books Indian Ocean Ltd. and OmniScriptum S.R.L publishing group

120 High Road, East Finchley, London, N2 9ED, United Kingdom
Str. Armeneasca 28/1, office 1, Chisinau MD-2012, Republic of Moldova, Europe

ISBN: 978-620-7-30261-1

NATIONALE HEILUNG UND VERSÖHNUNG IN SIMBABWE: DIE PERSPEKTIVE DER VEREINIGTEN METHODISTISCHEN KIRCHE.

Die Autoren: Mutangadura Josephat (Dr) und Archford Balance Muchingami (Rev)

Präambel

Die Grundsätze der GPA waren der Meinung, dass der politische Prozess, der zu den umstrittenen Wahlen in Hamornis 2008 führte, so viele Wunden verursacht hatte. Wie die Kirche sich entscheidet, in der Welt zu leben, und wo sie angesichts von Gewalt eine Grenze zieht, ist einer der Gründe für die Durchführung dieser Studie. Die Studie untersucht die Gefühle und Initiativen der Vereinigten Methodistischen Kirche im Hinblick auf den Prozess der nationalen Heilung angesichts des GPA als ihr Hauptziel. Zu den Zielen der Studie gehört es, das biblische Verständnis von Heilung und Versöhnung, die politische Sichtweise des kirchlichen Engagements für nationale Heilung und Versöhnung sowie die Herausforderungen aufzuzeigen, denen sich die Vereinigte Methodistische Kirche bei ihren Initiativen im Vergleich zu anderen Kirchen im Land gegenübersah. Heilung ist ein theologisches Thema, das sich durch die gesamte Bibel zieht. Der hebräischen Bibel zufolge war die wichtigste Eigenschaft der Gesundheit die Aufrechterhaltung einer guten Beziehung zu Gott. Daher wurde Heilung durch Gebet, Bitten und Flehen zu Gott erwartet. Im Neuen Testament ist das Wirken Jesu unvollständig, wenn nicht von seiner Heilungsmission die Rede ist. Versöhnung hingegen bezieht sich auf relativ einvernehmliche Beziehungen, die typischerweise nach einem Bruch in der Beziehung mit einseitiger oder gegenseitiger Zufügung extremer Verletzungen hergestellt werden. Die United Methodist Church als Mitglied der christlichen Kirchenorganisationen im Land und in der Welt hat die Rolle der Kirche bei der nationalen Harmonie bestätigt. Das "Book of Discipline" der United Methodist Church legt den Standpunkt der Kirche zu sozialen und politischen Fragen innerhalb ihrer Gesellschaft und ihrer Mitglieder klar dar. Die Situation in Simbabwe unterscheidet sich nicht vom südafrikanischen Fall im Jahr 1994, als der anglikanische Erzbischof Desmond Tutu gebeten wurde, den Vorsitz der Wahrheits- und Versöhnungskommission zu übernehmen. Die Situation in Simbabwe ist jedoch insofern eine Herausforderung, als es sich nicht mehr um eine Versöhnung mit den Kolonialherren handelt, sondern um eine Versöhnung unter Brüdern, die sich aufgrund politischer Differenzen gegeneinander gewandt haben. Die Kirche wurde nicht offen eingeladen, sich an dem von der Regierung vorgeschlagenen nationalen Heilungsprozess zu beteiligen. Die Kirche muss daher laut werden, um ihre Einbeziehung zu erzwingen, da die Mehrheit der Betroffenen Kirchenmitglieder sind, die die Leidensgemeinschaft bilden.

KAPITEL I Einleitung und Überblick

EINFÜHRUNG

Der Prozess der nationalen Heilung wurde in der Verfassungsänderung, mit der das GPA in Simbabwe eingeführt wurde, vorgeschlagen und in Kraft gesetzt. Die Grundsätze des GPA waren der Ansicht, dass der politische Prozess, der zu den umstrittenen Hamornised-Wahlen 2008 führte, so viele Wunden verursacht hatte. In dieser Studie geht es darum, die religiöse Sichtweise auf die gesamte Regelung darzustellen, da die Religion und insbesondere das Christentum die Mehrheit der simbabwischen Bevölkerung ausmacht, deren Mitglieder Opfer des politischen Lärms waren.

GRUNDANNAHMEN

Wie beteiligt sich die Kirche an dieser Versöhnung? Welche konkreten Formen nimmt sie an? Aufgrund des breiteren Interesses an Versöhnung in der heutigen Welt - sie ist bei weitem nicht nur ein christliches Anliegen - ist die Sprache der Versöhnung oft unklar. Zuweilen wurde sie manipuliert und verzerrt, um anderen Zielen zu dienen.

Die Menschen in Simbabwe haben sich gegenseitig auf vielfältige Weise und über lange Zeiträume hinweg verletzt. Alle sind schuldig, denn diejenigen, die einmal Opfer waren, waren ein anderes Mal Angreifer, und viele andere haben nichts getan angesichts der Gräueltaten, die vor ihren Augen begangen wurden. Heute brauchen alle Heilung von diesen Verletzungen und von ihrer Schuld. Die Heilung wird als Erleichterung der Versöhnung innerhalb und zwischen den Menschen selbst und auch mit dem Schöpfer angesehen. Durch Heilung und

Versöhnung wird sich das Land erholen und sich für politischen, sozialen, kulturellen und wirtschaftlichen Rückzug und Entwicklung rüsten. Bei ihrer Bildung im Februar 2009 verpflichtete sich die neue integrative Regierung Simbabwes zu einem Programm der nationalen Heilung und ernannte John Nkomo von der ZANU PF, Sekai Holland von der MDC und Gibson Sibanda zu Staatsministern, die für die nationale Heilung zuständig sind.

DAS BEDÜRFNIS NACH HEILUNG

Unbehandelte Wunden können auch künftige Ereignisse vergiften. Menschen tragen den Zorn über ein Unrecht, das ihnen vor Jahren angetan wurde, mit sich herum, der nie heilt. Ihr Leben hält sie als Geisel für dieses vergangene Ereignis. Eine der großen Gefahren, wenn man sich nicht um die Wunden kümmert, besteht darin, dass die Opfer von Opfern zu Tätern werden können, die anderen Unrecht zufügen. In zivilen Konflikten ist es manchmal fast unmöglich zu unterscheiden, wer das Opfer und wer der Täter ist, da die beteiligten Parteien im Laufe der Zeit sowohl Opfer als auch Angreifer waren. Ebenso ist es nicht ungewöhnlich, dass Menschen, die unter autoritären Regimen gelitten haben, nach Aufhebung der Unterdrückung zu Gesetzlosigkeit, Anarchie oder Hedonismus übergehen. Die totale Versöhnung ist notwendig, wenn die Wunden heilen sollen, sie ist der Ausgangspunkt.

Die Art und Weise, wie die Kirche in der Welt lebt und wo sie angesichts von Gewalt eine Grenze zieht, ist einer der Gründe, warum wir diese Diskussion führen. In einem Land wie Simbabwe, in dem politische Fragen buchstäblich zu Fragen von Leben und Tod geworden sind, sind Christen und christliche Konfessionen gezwungen, sich mit einer politischen Parteizugehörigkeit zu identifizieren.

Die Regierung hat alles in ihrer Macht Stehende getan, aber die Bemühungen waren aus folgenden Gründen nicht ausreichend:

1. In Simbabwe besteht das Problem darin, dass die politischen Parteien den Prozess eingeleitet haben, die Bevölkerung aber kein Vertrauen in ihre Aufrichtigkeit hat.
2. Die Kirche wurde bisher nicht einbezogen, aber sie könnte das fehlende Glied sein, das die Gleichung lösen könnte.

In diesem Buch werden die ausdrücklichen Gefühle und Initiativen der Vereinigten Methodistischen Kirche im Hinblick auf den Prozess der nationalen Heilung im Angesicht der GPA untersucht. Als prophetisches Zeichen sind die Kirchen aufgerufen, ihre Stimme gegen Ungerechtigkeit zu erheben und für den Frieden einzutreten. Indem sie Ungerechtigkeit anprangern, sich mit den Unterdrückten solidarisieren und die Opfer begleiten, beteiligen sich die Kirchen an der ***missio Dei***, die Welt zu bessern und sie auf die "neue Schöpfung" der Versöhnten hinzuführen (vgl. 2 Kor 5,17). Der sich daraus ergebende Rahmen für nationale Heilung und Versöhnung muss durch die Berücksichtigung der Beiträge der Basis, ihrer Ansichten und der gewünschten Ergebnisse, für die die Kirche die Grundlage bildet, informiert und geleitet werden. Es wird keinen Frieden mit Gerechtigkeit geben, solange nicht selbstloses und informiertes Leben in politische Prozesse und internationale Vereinbarungen einfließt. Simbabwe braucht keinen bloßen Waffenstillstand, sondern eine umfassende und ehrliche nationale Heilung und Versöhnung, bei der die Gewalttäter zur

Rechenschaft gezogen werden und die Gesellschaft versöhnt wird, damit die

Kultur der Gewalt in den Mülleimer der Erinnerung verschwindet.

METHODISCHE ANSÄTZE ZUM VERSTÄNDNIS DER FRAGE DER NATIONALEN HEILUNG UND VERSÖHNUNG

DER HISTORISCHE ANSATZ

Die Tatsache, dass sich im Bereich der Religionswissenschaft keine übergreifende Theorie herausgebildet hat, sollte uns weder überraschen noch beunruhigen. Daher ist keine Untersuchungsmethode in der Religionswissenschaft absolut, und viele andere Ansätze werden immer in Verbindung miteinander verwendet. Mit dem historischen Ansatz wird eine Bestandsaufnahme der Ereignisse vorgenommen, um herauszufinden, was zu einer Situation beigetragen hat, wie im Fall dieser Studie, die sich mit dem Prozess der nationalen Heilung und Versöhnung befasst. Die Situation in Simbabwe ist ein echter Fall von Geschichte, die sowohl politisch als auch religiös ist und in einem spezifischen Kontext stattfindet. Die Geschichte des Landes ist durchdrungen von allen möglichen Geschichten und Ereignissen, sozialen, wirtschaftlichen, politischen und religiösen. Wenn man diese Geschichte studiert, wird man all diese verschiedenen Elemente entdecken, ohne die keine vollständige Geschichte erzählt werden kann. Der Schauplatz, die Themen, die Handlung und die Figuren sind Simbabwer, die politisch und religiös der gleichen Gemeinschaft angehören.

DER PHÄNOMENOLOGISCHE ANSATZ

Die Phänomenologie (von griechisch phainómenon "das, was erscheint"; und lógos "Untersuchung") ist eine philosophische Bewegung. Nach Husserls Auffassung befasst sich die Phänomenologie in erster Linie mit der systematischen Reflexion und Analyse der Strukturen des Bewusstseins und der Phänomene, die in den Bewusstseinsakten erscheinen. In ihrer grundlegendsten Form versucht die Phänomenologie, Bedingungen für die objektive Untersuchung von Themen zu schaffen, die normalerweise als subjektiv angesehen werden: das Bewusstsein und die Inhalte bewusster Erfahrungen wie Urteile, Wahrnehmungen und Gefühle. Dieses Szenario passt gut zu der untersuchten Situation. Die Gewalt, die während der harmonisierten Wahlen 2008 stattfand, und die Wunden, die geblieben sind, haben eine Situation geschaffen, die eine Anerkennung dessen erfordert, was erschienen ist (*phainómenon*), und jede Aktion, die stattfinden soll, muss von dort ausgehen.

Obwohl viele der phänomenologischen Methoden verschiedene Reduktionen beinhalten, ist die Phänomenologie im Wesentlichen antireduktionistisch; die Reduktionen sind lediglich Werkzeuge, um die Funktionsweise des Bewusstseins besser zu verstehen und zu beschreiben, und nicht, um irgendein Phänomen auf diese Beschreibungen zu reduzieren. Die Methode beschreibt die Geschehnisse in ihrer eigenen Umgebung und bewahrt das ursprüngliche Erscheinungsbild der Realität, um Objektivität zu gewährleisten. Wenn nationale Heilung stattfinden soll und die Kirche daran beteiligt sein kann, darf nichts von der Wahrheit oder Realität beeinträchtigt oder verändert werden. Husserls Methode, die lose in einem erkenntnistheoretischen Instrumentarium mit skeptischen Wurzeln, der *Epoché,* verwurzelt ist, beinhaltet die Aussetzung des Urteils und verlässt sich auf das intuitive Erfassen von Wissen, frei von Vorannahmen und Intellektualisierung. Die phänomenologische Methode, die manchmal als

"Wissenschaft der Erfahrung" bezeichnet wird, ist in der Intentionalität verwurzelt.

DER SOZIOLOGISCHE ANSATZ

Bei dieser objektiven Diskussion über nationale Heilung und Versöhnung werden sowohl quantitative Methoden (Erhebungen, Umfragen, demografische und Volkszählungsanalysen) als auch qualitative Ansätze wie teilnehmende Beobachtung und Befragung eingesetzt. Was die Menschen zu glauben behaupten, hat oft Konsequenzen für ihr Verhalten. Im Laufe der Jahrhunderte haben die Aktivitäten von Gruppen im Namen ihrer Institutionen sie in Konflikt mit anderen Gruppen gebracht. Nicht selten haben Menschen im Laufe der Zeit im Namen von Gruppenzugehörigkeiten schreckliche Dinge getan. Die Konflikte, die bei den Wahlen in Simbabwe im Jahr 2008 zu Toten und Verletzten führten, waren auf politische Zugehörigkeiten zurückzuführen. Mit Hilfe des soziologischen Ansatzes kann die Studie die Wahrnehmung der Gesellschaft und die Zugehörigkeit zu politischen Parteien nachzeichnen, die dazu führten, dass andere zu Tätern und andere zu Opfern von Glaubenssystemen in derselben Gesellschaft wurden.

EIN ÜBERBLICK ÜBER DIE LITERATUR ZU VERSÖHNUNG UND HEILUNG

Die Kommission für Glauben und Kirchenverfassung stellt in ihrer Analyse des Wesens und der Sendung der Kirche fest, dass die Kirche dazu berufen ist, zerbrochene Beziehungen zu heilen und zu versöhnen und Gottes Werkzeug bei der Versöhnung der menschlichen Spaltung in der Welt zu sein. Frieden ist eine Gabe Gottes. Die Antwort der Kirchen auf dieses Geschenk offenbart ihre Berufung, in der ***missio*** Die[1] friedensstiftend zu wirken. Als Zeichen, Werkzeug und Sakrament von Gottes Absicht und Plan für die Welt kann man verschiedene Dimensionen der friedensstiftenden Berufung der Kirchen erkennen. Es wird auf die biblischen Berichte über den Konflikt und die Versöhnung zwischen den Brüdern Isaak und Ismael und später Jakob und Esau in den Geschichten der Genesis verwiesen. Hier wird die Feindschaft zwischen den beiden Brüdern durch frühere Unrechtstaten verursacht, die schließlich durch die gemeinsame Anerkennung der ungerechten Tat, die Bereitschaft, die Vergangenheit hinter sich zu lassen, und den Wunsch, in gegenseitigem Respekt zu leben, aufgelöst werden, was den Ton für eine erneute Annäherung angibt.

Desmond Tutu, ein Erzbischof der anglikanischen Kirche in Südafrika, wurde gebeten, die Einrichtung und Einberufung der Wahrheits- und Versöhnungskommission zu überwachen. Nach dem Anbruch der Demokratie in Südafrika im Jahr 1994 traten verschiedene Paradigmen der Versöhnung auf den Plan. Die Kommission wurde eingesetzt, um den Prozess anzuführen, damit der Hass und die Wunden der Apartheid gesühnt werden konnten. Tutus Buch über die Wahrheits- und Versöhnungskommission (TRC) in Südafrika zeigt sehr deutlich, dass es ohne Vergebung keine Zukunft gibt. Schon der Titel des Buches sagt alles aus: *Keine Zukunft ohne* Vergebung[2]. Indem er sich auf die Frage der Vergebung konzentriert, folgt Tutu einem ähnlichen Muster wie Schreiter (1992:18-39) zur Versöhnung, indem er zeigt, was Vergebung nicht ist. Erstens geht es nach seinem Verständnis bei

"Vergebung und Versöhnung nicht darum, so zu tun, als ob die Dinge anders wären, als sie sind. Es geht nicht darum, sich gegenseitig auf die Schulter zu klopfen und die Augen vor dem Unrecht zu verschließen.

Wahre Versöhnung legt die Schrecklichkeit, den Missbrauch, den Schmerz, die Erniedrigung, die Wahrheit offen". Es ist wichtig, sich zu erinnern, so Tutu, "damit wir nicht zulassen, dass sich solche Gräueltaten wiederholen "[3]. **Kristin Henrard** von der Universität Groningen, Niederlande, schreibt in seinem Artikel mit dem Titel "Post Apartheid South Africa's Democratic Transformation Process: Redress of the Past, Reconciliation and 'Unity in Diversity'" (Wiedergutmachung der Vergangenheit, Versöhnung und 'Einheit in Vielfalt'), dass Versöhnung nicht nur bedeutet, die Wahrheit über die Vergangenheit zu sagen und zu vergeben, sondern auch Wiedergutmachung für materielle und andere Formen der Entbehrung sowie die Wiederherstellung einer menschlichen Gemeinschaft im Geiste der Achtung der Menschenrechte und der Demokratie erfordert. Sie erfordert auch die Schaffung einer Gesellschaft, in der die Wahrscheinlichkeit einer Wiederholung von schweren Menschenrechtsverletzungen, wie sie in der Vergangenheit vorgekommen sind, auf ein Minimum reduziert wird.

Als prophetisches Zeichen sind die Kirchen aufgerufen, sich gegen Ungerechtigkeit auszusprechen und für den Frieden einzutreten. Indem sie Ungerechtigkeit anprangern, sich mit den Unterdrückten solidarisieren und die Opfer begleiten, beteiligen sich die Kirchen an der *missio Dei*, die Welt zu bessern und sie auf die "neue Schöpfung" der Versöhnten hinzuführen (vgl. 2 Kor 5,17).

Im Buch der methodistischen Kirche (United Methodist Church Book of Discipline) heißt es in Abschnitt IV, Soziale Organisation, dass die Kirche die Institution der Sklaverei, die Praxis und Begehung von Völkermord, Kriegsverbrechen und Verbrechen gegen die Menschlichkeit sowie Aggression als schändliche und grausame Übel betrachtet. Solche Übel zerstören die Menschheit, fördern die Straflosigkeit und müssen daher von allen Regierungen bedingungslos verboten werden und dürfen von der Kirche niemals toleriert werden.

Der am 5. Oktober 2009 veröffentlichte **Hirtenbrief der katholischen Bischöfe rief** zu nationaler Heilung und Versöhnung auf. In ihrer Veröffentlichung boten sie sich als christliche Organisation an, an diesem Prozess teilzunehmen und ihn zu unterstützen.[4]

In dem Dokument **"Das Simbabwe, das wir wollen"**, das im Oktober 2006 von allen christlichen Organisationen in Simbabwe vorgelegt wurde, wird die Notwendigkeit der Beteiligung der Kirche an Friedensinitiativen im Land bekräftigt. Als religiöse Organisation vertritt die Konferenz die Auffassung, dass die Kirche die große Mehrheit der Menschen in Simbabwe umfasst. Sie ist den Menschen am nächsten. Die Menschen vertrauen ihrer religiösen Führung, und wer kann schon von sich behaupten, die Wünsche und Bestrebungen der Menschen besser zu kennen als jede andere Organisation. Die Kirche kann daher ihre Stimme sein, und vielleicht die einzige glaubwürdige Stimme, die die Menschen haben.[5]

Simbabwe durchläuft derzeit einen Übergangsprozess, dessen positive Ergebnisse den Prozess der nationalen Heilung und Versöhnung besser informieren und unterstützen werden. Der Prozess wurde von den Simbabwern initiiert, und alle einflussreichen Gruppen vor Ort mussten daher einbezogen werden, da sie direkt betroffen sind und waren. Die Kirche ist die wichtigste gesellschaftliche Gruppierung des Landes, deren Mitglieder in vielerlei Hinsicht und auf beiden Seiten der politischen Spaltung gelitten haben. Der Kirche kommt daher eine wichtige Rolle zu, wenn es darum geht, ihren Mitgliedern und den politischen Gegnern Frieden und Vertrauen zurückzugeben, Demut, Verantwortlichkeit und gegenseitigen Respekt in der Gemeinschaft wiederherzustellen.

Kapitel 2: DER KONTEXTUELLE POLITISCHE GESCHICHTLICHE HINTERGRUND DER VEREINIGTEN METHODISTISCHEN KIRCHE IN SIMBABWE

Einführung

Bis zum ersten Kontakt mit den Missionaren und Entdeckern, die das Land besuchten, gab es keine historischen Aufzeichnungen über Simbabwe im modernen Sinne. Simbabwe hatte bis zur Besetzung durch die BSAC unter der Führung von Cecil John Rhodes im Jahr 1890 keinen Namen (im Sinne einer Nation, wie sie heute besteht). Die moderne Geschichte des Landes beginnt nach 1888, als Lobengula, König des Ndebele-Volkes, gezwungen wurde, die Rudd-Konzession zu unterzeichnen, mit der die Rechte der Einheimischen an ihrem Land aufgegeben wurden. Dies war für die methodistischen Missionare eine Gelegenheit, auch Afrikaner zum Christentum zu bekehren. Bischof E. Nhiwatiwa[6] vertrat in seinem Buch "Humble Beginnings" (Bescheidene Anfänge) die Auffassung, dass "das Kreuz der Flagge folgte".

Laut Bischof E Nhiwatiwa hatten die Einheimischen immer ihre eigene Religion, die die Missionare anfangs nicht anerkennen wollten[7]. Infolgedessen ließen sich die Einheimischen nicht so leicht zum Christentum bekehren. Die ersten Pioniermissionare konnten viele Einheimische nicht zum Christentum bekehren, weil sie die Bedeutung der traditionellen Religion unter den Einheimischen nicht schätzten und stark unterschätzten.

Wie der Bischof feststellte, waren zwei Dinge für die Missionsarbeit in Simbabwe zwischen 1859 und 1898 von Bedeutung[8]. Erstens waren die Missionare aufgrund der Erfahrungen der Londoner Missionsgesellschaft und der Jesuiten im Matabeleland davon überzeugt, dass ihre Unternehmungen in Simbabwe wenig Aussicht auf Erfolg hatten, solange die Macht der Ndebele nicht gebrochen war, und dass dies nur mit Gewalt geschehen konnte. Er ist der Ansicht, dass die politische Macht der Ndebele gegenüber den anderen lokalen Stämmen für die Eindringungsstrategien der Missionare entscheidend war. Sie hatten einen konkurrierenden Einfluss auf den Glauben der Einheimischen in politischer, sozialer und religiöser Hinsicht. Nach Ansicht der Missionare konnte den Ndebeles nur mit Gewalt Macht und Einfluss entrissen werden.

Aus diesem Grund begrüßten die Missionare die Ankunft der BSAC-Truppen im Mashonaland 1890. Zweitens waren die Missionare C. J. Rhodes für die Zuteilung von Land, auf dem sie ihre Missionsstationen errichteten, zu Dank verpflichtet. Wie 1925 offiziell berichtet wurde, gewährte das Unternehmen verschiedenen Missionsgesellschaften insgesamt 325 730 Acres Land für Missionszwecke.[9]

Zu den wichtigsten Kirchen, die nach Simbabwe kamen, gehörten die katholische, die anglikanische, die methodistische, die niederländisch-reformierte, die Kirche Christi und die lutherische Kirche. Die Gründung dieser Konfessionen spiegelte sich in den von ihnen errichteten Missionszentren wider, die Schulen und Krankenhäuser umfassten.

Diese Einführung hat einen kurzen Überblick darüber gegeben, wie die christliche Kirche nach Simbabwe kam, ohne darauf einzugehen, welche

Konfession in welchem Gebiet genau tätig war.

Die nächste und kritische Diskussion wird sich auf die Geschichte der United Methodist Church und ihre Aktivitäten in Simbabwe konzentrieren. Reverend Professor W.Z. Kurewa in "Kirche in Mission, Die United Methodist Church wurde gegründet in

1968 mit der Vereinigung der ehemaligen Evangelical United Brethren Church und der Methodist Church. Die 1946 gegründete Evangelical United Brethren Church ist aus der Vereinigung zweier in den USA entstandener Konfessionen hervorgegangen: der Evangelical Church und der Church of the United Brethren in Christ. Diese beiden Kirchen entstanden unter deutschsprachigen Menschen während des großen geistlichen Aufbruchs im späten 18.

Die methodistische Bewegung entstand in England in den frühen 1700er Jahren unter dem anglikanischen Pfarrer John Wesley und seinen Anhängern. Wesley und sein Bruder Charles brachten die Bewegung in die Kolonie Georgia, wo sie im März 1736 als Missionare der Church of England eintrafen. Die US-amerikanische Methodist Episcopal Church wurde 1784 gegründet. Die Konfession wuchs schnell und war bekannt für ihre "Circuit Rider"-Pfarrer an den vorrückenden Grenzen. Nach einer Spaltung im Jahr 1828 entstand die Methodist Protestant Church und 1844 wegen der Frage der Sklaverei die Methodist Episcopal Church, South. Die Nord- und die Südfraktion vereinigten sich 1939 (als The Methodist Church), behielten aber die Rassentrennung bei. Diese Trennung wurde 1968 durch den

Zusammenschluss der Methodist Church und der Evangelical United Brethren Church aufgehoben.[10] Der Einzug und die Ausbreitung der Kirche auf dem Land wurde als Fortsetzung der in Amerika begonnenen Ausbreitung der Kirche gesehen. Es ist von größter Wichtigkeit zu erwähnen, dass es nicht viel Literatur über die Geschichte der Kirche gibt, mit Ausnahme von Büchern, die von den Geistlichen geschrieben wurden und die nicht vollständig historisch sind, sondern sich zwischen historischen Fakten und konfessionellen Rekonstruktionen des Glaubens der Kirche im Laufe der Zeit bewegen.

Dr. Wesley J. Z. Kurewa hat eines der Bücher verfasst, das sich offenbar stark an einen früheren Text von Henry I. James aus dem Jahr 1935 anlehnt. Das andere Buch, das konsultiert wurde, wurde vom derzeitigen Bischof der United Methodist Church, Dr. E Nhiwatiwa, geschrieben. Vielen Dank an die beiden oben erwähnten Mitglieder des kirchlichen Klerus, Reverend Professor W.Z. Kurewa bzw. Bischof Nhiwatiwa. Wir müssen jedoch auch bedenken, dass vieles in diesen Berichten eher subjektiv als objektiv ist, da sie sehr persönlich klingen.

Nach Pfarrer Professor W. Z. Kurewa in seinem Buch Church in Mission, The

Die United Methodist Church kam über Liberia durch eine amerikanische Siedlung befreiter Sklaven im Jahre 1822[11] nach Afrika. Unter den Einwanderern, die sich in Liberia niederließen, befand sich eine große Gruppe von Methodisten, die sich organisierten, um in dem neuen Gebiet Gottesdienste abzuhalten. Am 8. März 1833 machte sich der erste Missionar der Episkopalkirche auf den Weg nach Liberia, um seine Arbeit aufzunehmen. Nach Melville Cox sollten eine Reihe weiterer Missionare in die neue Siedlung entsandt werden (ebd.). Die Kirche in Liberia blieb jedoch unter der Gesamtverantwortung einer Konferenz in Amerika. 1884 wurde Bischof Taylor als erster afrikanischer, aber amerikanischer Bischof nach Afrika entsandt, um dort zu wirken.

Bischof Taylor wird das Verdienst zugeschrieben, die Kirche nach Liberia auch in andere Teile Afrikas gebracht zu haben, wie Angola, Mosambik und den Kongo. Er wird für immer als der Mann in Erinnerung bleiben, der nach Afrika kam und die Kirche gründete. Nach seiner Pensionierung im Jahr 1886 wurde Bischof Hartzell gewählt, um seine Arbeit als Bischof in Afrika aufzunehmen und fortzusetzen.

Amerikanische Methodisten gingen 1822 nach Liberia, um zu verhindern, dass "der Islam weiter nach Süden vordringt". 1897, vor seiner Abreise nach Rhodesien, erklärte Bischof Hartzell sein Ziel: "Irgendwo in Südafrika, inmitten der nach Norden vordringenden Wellen der angelsächsischen Zivilisation und unter britischer Flagge, sollte der amerikanische Methodismus missionarisch tätig sein "[12]. Er verhandelte mit den britischen Verwaltern von Cecil Rhodes über 13.000 Morgen Land in Old Mutare, wo er ein industrielles Ausbildungszentrum für Afrikaner und eine Schule für Weiße in New Mutare einrichtete[13].

Die Landzuteilung war so umfangreich, dass Bischof Hartzell nichts zu verlieren hatte, als er die von den BSAC-Behörden gestellten Bedingungen akzeptierte, zu denen auch die Einrichtung und Verwaltung einer Schule für Europäer in der neuen Stadt gehörte. Ein Aufhänger für die Evangelisierung war das Verlangen der Afrikaner nach Bildung. Das katholische Motto lautete: "Wem die Schulen gehören, dem gehört Afrika".[14]

ERSTE BERUFUNGEN VON MISSIONAREN

Nach der erfolgreichen Gründung der Kirche in Old Mutare bestand die Notwendigkeit, den Einfluss der United Methodist Church auf andere Gebiete des Landes auszuweiten. Das bedeutete auch, dass andere Missionare benötigt wurden, um den Bischof zu unterstützen, da es noch keine afrikanischen Kirchenführer in Form von Predigern und Pastoren gab. Um die Arbeit in Afrika und insbesondere in diesem Teil des Kontinents voranzutreiben, ließ die Generalkonferenz der Bischöflichen Methodistischen Kirche, die 1900 in Chicago tagte, eine neue Konferenz in Afrika zu, die in Old Mutare mit Hartzell als Bischof abgehalten wurde. Der Bischof nutzte diese Gelegenheit, um eine Reihe von Missionaren zu ordinieren, die ihm bei der Verkündigung des Evangeliums helfen sollten. Zu den ersten Namen, die rekrutiert wurden, gehören John Springer, Frank D. Wolf als Diakone, Morris. W. Ehnes, James L. De Witt als Probezeitler und Robert Wodehouse aus Texas als Versetzungsmitglied. Charles Yafele war der einzige Afrikaner, der als erster eine Anstellung in der Kirche der African Church in Mutare erhielt.[15]

Ausweitung der Missionen und Outreach-Programme

Damit begann die Ausbreitung in andere Teile des Landes, und es wurden weitere Missionszentren gegründet. Old Mutare ist nach den Worten von Professor Kurewa bis heute das Jerusalem des United Methodism im Land.[16] Es war das erste Missionszentrum, das gegründet wurde. Es war das erste Missionszentrum, das gegründet wurde, und ist bis heute das Zentrum der Kirche in den Bereichen Bildung, Gesundheitswesen, Evangelisation und

Waisenhaus. Darüber hinaus b e t r i e b das Zentrum auch produktive Landwirtschaft, um einen Teil der Vereinbarung mit der politischen Verwaltung zu erfüllen, die wünschte, dass das Zentrum für industrielle Zwecke im Interesse Afrikas genutzt werden sollte. Die Missionen definierten "gerettet und zivilisiert" und überprüften Verhaltensweisen, die heidnisch und christlich waren.[17][1]

Die "bescheidenen Anfänge" von Bischof Nhiwatiwa (1997:27) beschreiben die Expansion als eine von Bischof Hartzells Weitsicht. Im Jahr 1905 soll Hartzell an Sir William Milton, den BSAC-Verwalter von Rhodesien, geschrieben und um einen Landtausch gebeten haben. Die Kirche bot Land in Old Mutare im Tausch gegen anderes, aber gleichwertiges Land an.[2] Die Mutambara-Mission wurde 80 Kilometer südlich von Old Mutare gegründet, und Wodehouse sollte der erste Missionar werden. Es heißt, dass die Landvergabe in Absprache mit dem örtlichen traditionellen Häuptling erfolgte. Dies zeigt nur, dass die Kirche auf den Einfluss der Einheimischen achtete, wenn sie beabsichtigte, in einer Gemeinde Strukturen zu errichten, da dies die Menschen waren, die sie evangelisieren und mit denen sie arbeiten wollte.

Auf die Mutambara-Mission folgte die Murewa-Mission, die 1908 in Mashonaland Ost gegründet wurde. Es war ein Zeichen dafür, dass die Kirche das Manicaland verließ, wo sie zuerst gelandet war und Unterkunft gefunden hatte. In Murewa war es nicht so einfach wie in Mutambara, den örtlichen Häuptling zu überzeugen, denn die rhodesische Regierung vertrat den

[1] Ebd., Seite 37-45

[2] Protokoll der Konferenz von Ost-Zentralafrika 1901-05

Standpunkt, dass Missionen den Menschen nicht aufgezwungen werden sollten, was bedeutete, dass zunächst die Zustimmung der Häuptlinge eingeholt werden musste.

Später wurde die Mission mit Hilfe der Eingeborenenabteilung der Regierung von Rhodesien in Salisbury eingerichtet. Auf die Murewa-Mission folgten die Nyadire- und die Mutoko-Mission, die 1910 bzw. 1922 gegründet wurden.[3] Insgesamt wurden fünf Missionszentren eingerichtet, die im Wesentlichen als Bildungszentren dienten und in einigen Fällen bis heute auch medizinische und landwirtschaftliche Aktivitäten anbieten.

In den frühesten Aufzeichnungen über die Geschichte der Missionszentren werden die Namen der Missionare hervorgehoben, da sie es waren, die die Aufzeichnungen verfasst und aufbewahrt haben, aber es stimmt nicht, dass keine Afrikaner an der frühen Missionsarbeit beteiligt waren.

Die Missionszentren wurden zu Sprungbrettern für die Ausbreitung in die Weite und den Atem der afrikanischen Bevölkerung. Die meisten Afrikaner lebten in den ländlichen Gebieten, wo sie von der Subsistenzlandwirtschaft lebten. Sie waren nicht wirklich mit produktiver Arbeit beschäftigt, so dass sie viel Zeit zur Verfügung hatten. Anfangs dachten die Missionare, dass sie die Aufgabe der Evangelisierung der Einheimischen übernehmen würden, doch sie erkannten schnell, wie gewaltig die Aufgabe war. Sie brauchten afrikanische Evangelisten, um ihre Mitmenschen zu überzeugen und sie zur Kirche zu bringen. Dies war nicht nur für die Methodisten ein Problem, sondern auch für alle anderen Missionen, sowohl für die katholische als auch

[3] Ibid

für die anglikanische.

An dieser Stelle ist es ratsam, auf den Einsatz von Bildung in den frühen Phasen der Mission der Kirche im Land zurückzukommen. Die Kirchen, die in ein neues Gebiet kamen, errichteten zunächst eine Schule, die allerdings nicht so groß war wie das Missionszentrum, um sie als örtliches Versammlungszentrum zu nutzen. Es sollte eine Art Lernort sein, an dem Bibelunterricht und pädagogische Lektionen durchgeführt wurden. Aus diesem Grund wurde das Schulgelände anfangs "kuSvondo" (der Sonntagsplatz) genannt, eine Anspielung auf den Tag, an dem die Aktivitäten an diesem Ort stattfanden. Das Problem, das die Missionsaktivitäten mit sich brachten, war die Beeinträchtigung der normalen dörflichen Aktivitäten der Menschen. Sie störte den normalen dörflichen Arbeitsablauf, da die Menschen lange Zeit vor einem Lehrer sitzen mussten und dabei unproduktiv waren. Sie begannen es erst zu schätzen, als Gleichaltrige, die zur Schule gegangen waren, später in die Städte oder Missionszentren gingen und sich in bezahlten Berufen engagierten, die ihr Leben veränderten und es ihnen auch ermöglichten, mit dem weißen Mann zu sprechen, der sich bereits in vielerlei Hinsicht als überlegen erwiesen hatte. Der Schulbesuch verschaffte den Einheimischen nicht nur Zugang zu Arbeitsplätzen und die Möglichkeit, mit den Weißen in ihrer eigenen Sprache zu sprechen, sondern machte sie auch mit der Kultur und dem Glauben der Weißen vertraut. Daher wurden überall in unmittelbarer Nähe viele Grundschulen gegründet, um die Einheimischen zu erreichen. Die Kinder wurden vor allem dazu ermutigt, sich einzuschreiben, um sie jung zu bekommen, was auch heute noch der Fall ist.

Nach der harten Arbeit, die die Missionare beim Aufbau der Kirche geleistet hatten, war es für die Kirche an der Zeit, weiterzuziehen. Es war auch an der Zeit, dass die einheimischen Afrikaner sich mit der Kirche als ihrer eigenen identifizierten, so dass sie sich dafür verantwortlich fühlten, sie weiter voranzubringen und sie vor realen oder imaginären Bedrohungen zu schützen, die das Wachstum der Kirche unter ihresgleichen zu verhindern schienen. Das ist es, was Kurewa als Identität und Festigung der Kirche bezeichnet[4] . Immer mehr Afrikaner wurden in die örtliche Leitung berufen, und man begann mit der Komposition und Übersetzung von Kirchenliedern in die Landessprache.

SCHLÜSSELPERSONEN UND ORGANISATIONEN, DIE DIE KIRCHE IN SIMBABWE GEGRÜNDET HABEN

David Mandisodza ist in der Kirchengeschichte als der erste ordinierte Diakon der Methodist Episcopal Church in Südrhodesien im Jahr 1921 verzeichnet. Afrikaner zogen in Bereiche der Kirche ein, in denen wichtige Entscheidungen getroffen wurden. In der Zeit von 1921 bis 1945 begannen sich kirchliche Organisationen zu bilden und Gestalt anzunehmen. Zu den wichtigsten Organisationen, die sich bildeten, gehörten die *Wabvuwi we Methodist Episcopal Church, Ruwadzano rweVadzimai we Methodist Episcopal Church*, die *Ngariende* und die *African Christian Convention*[5] .

[4] Kurewa W.Z **Kirche in der Mission**, Nashiville, Abington, 1997, Seite, 67
[5] Ebd., Seite 68

Wabvuwi we Methodist Episcopal Church

Wabvuwi bedeutet wörtlich Fischer in der Shona-Sprache und bezieht sich auf die Nachahmung der Fischereiexpeditionen der Jünger, die Jesus in einer Evangelisierungsmission auf die Fischer übertragen hat. Die Organisation entstand als unmittelbare Folge der Erweckung von 1918 in der Methodist Episcopal Church, einer Gelegenheit, bei der die Einheimischen in der Lage waren, auf das Evangelium zu reagieren und es in ihrem eigenen Umfeld weiterzugeben. Die Männer organisierten sich, um Evangelisationen durchzuführen, vor allem durch das Singen von Liedern mit afrikanischer Melodie. Sie zogen von einem Ort zum anderen und wurden als *Marombe* (Obdachlose) bekannt. Ihre Satzung besagt, dass ihr Hauptauftrag darin besteht, andere Menschen zu Christus zu führen, Sünder zu suchen[6]

Die Wabvuwi sind eine Organisation, die sich von der Mitgliedschaft in der Kirche ausdehnt, denn sie lassen nur diejenigen zu, die bereits Vollmitglieder in der Kirche sind. Jede Ortsgemeinde hat ihre eigene Gruppierung von Wabvuwi und ist voll in die operativen Vorkehrungen und den Unterhalt eingebunden.

Die United Methodist Church in Simbabwe ist durch diese Organisation vertreten, und die verantwortlichen Pastoren haben die Vorteile der Gruppe genutzt und arbeiten bei den Evangelisierungsprogrammen gut mit ihr zusammen. Viele andere Kirchen, darunter die Methodistische Kirche in Simbabwe und die Anglikaner, verwenden den Begriff ebenfalls, um ihre Männerorganisationen zu bezeichnen.

Rukwadzano rwe Wadzimai we Methodist Episcopal Church (Gesellschaft der Frauen im christlichen Dienst)

Der Ursprung dieser Organisation wird mit Lydia Chimonyo in Verbindung gebracht, die die Organisation 1929 gründete, nachdem die Konferenz 1928 eine solche Organisation genehmigt hatte. Lydia Chimonyo, deren Ehemann damals Student an der theologischen Ausbildung in Old Mutare war, wurde die erste Leiterin der Organisation auf Konferenz-Ebene. Seitdem liegt die Leitung dieser Organisation in den Händen der Ehefrau des zuständigen Pastors, da die ursprüngliche Leitung von den Ehefrauen der Theologiestudenten in Old Mutare übernommen wurde.

Nach der Verfassung der Organisation bestand der ursprüngliche Zweck darin, die finanziellen, sozialen und geistlichen Interessen der Kirche zu fördern (*Bhuku reRuwadzano rweWadzimai weUnited Methodist Church*). Die Verfassung wurde 1944 und 1960 überarbeitet und um folgende Punkte ergänzt

Allen Frauen und älteren Mädchen das reiche Leben Jesu Christi zu zeigen, ihn kennenzulernen und das zu tun, was er will; durch das Evangelium, durch Heilung und Bildung, durch Begegnungen, um einander besser zu verstehen, und durch die Zusammenarbeit mit der *Ngariende* (Missionary) Society, indem wir der Kirche in den Dörfern helfen[6].

Die Frauenorganisation hat wie die Männerorganisation auch strenge Regeln, die einzuhalten sind. Eine Frau muss sich bewähren; sie haben einheitliche

[6] Ibid : 94

Kleider und Vorschriften,wann diese getragen werden sollten. Sie gilt auch heute noch als die am strengsten organisierte Gruppe innerhalb der Vereinigten Methodistischen Kirche.

Die Männer- und Frauenorganisationen sind die bekanntesten unter den kirchlichen Organisationen, aber es gibt noch andere, die in der Kirche existieren. Es kommen immer mehr hinzu, da die Kirche in ihrer Struktur und Größe wächst.

DIE KIRCHE UND DER AFRIKANISCHE NATIONALISMUS

Die Kirche bewegte sich auf einer anderen Ebene und in einem anderen Zeitraum, als sich auch die Geschichte und Politik Simbabwes zu verändern begann. Die erste Ebene und die Beziehung zwischen Kirche und Staat war dadurch gekennzeichnet, dass "das Kreuz der Flagge folgte", als die Kirche mit der Kolonisierung versuchte, die Afrikaner für das Christentum zu gewinnen.[8] Nachdem sich nun eine große Zahl von Afrikanern bekehrt hatte, wollten sie das Evangelium auch im Kontext ihrer Situation sehen und interpretieren, damit es passt.

Die Kirche, deren Mitglieder zu mehr als 80 % Schwarze waren, musste wissen, wie sie das Rassenverhältnis, das nun im Lande herrschte, betrachten sollte. Die Kirche hatte sich immer mit der Sache und den Bemühungen um den afrikanischen Nationalismus solidarisiert. Sie war der festen Überzeugung, dass der Nationalismus, der Freiheit, Gerechtigkeit und die Achtung der Menschenwürde für alle Bürger des Landes anstrebte, dem Geist des christlichen Glaubens entsprach. Die Kirche verstand unter Nationalismus "den gemeinsamen Wunsch eines Volkes, sich gemeinsam für seine Befreiung von jeder Form der Knechtschaft einzusetzen, sei es aus kolonialer, wirtschaftlicher, sozialer oder rassischer Sicht. In der Folgezeit wuchs das afrikanische Bewusstsein für die Notlage und Unterdrückung der einheimischen Bevölkerung durch die Kolonialherrschaft. Geistliche und Laien waren sich einig, dass es sich bei dem Problem um Unterdrückung handelte, die gemeinsam und in aller Deutlichkeit verurteilt werden musste.

Die Kirche schämte sich nicht, sich zu engagieren, da sie das Ganze als einen Weg ansah, dem Volk Gottes Freiheit und Gerechtigkeit zu sichern, mit klaren Vergleichen zu Ägypten und anderen biblischen Ereignissen, die von Gott sanktioniert waren. Diese Denkweise trug wesentlich dazu bei, dass sich mehr Kirchenmitglieder am Kampf für politische Freiheit und Unabhängigkeit ihres Volkes beteiligten.

DAS VORDRINGEN DER KIRCHE IN DIE STÄDTISCHEN ZENTREN

Ein weiteres interessantes Phänomen in der Geschichte der Vereinigten Methodistischen Kirche war ihr Vordringen in die städtischen Zentren. Die ersten Niederlassungen beschränkten sich auf die Missionszentren, dann folgte die Bewegung in die Dorfgemeinschaften. Dafür gab es zwei Hauptgründe: Die Notwendigkeit, Schulen einzurichten, bedeutete, dass die Kirche dorthin gehen musste, wo es Menschen und Platz gab. Platz war auf dem Lande reichlich vorhanden, und die Dorfbewohner waren auch dort, die Städte waren gerade im Entstehen begriffen, und viele Afrikaner fühlten sich nicht sofort von der Stadt angezogen und zogen es vor, in den Dörfern zu bleiben. Diese beiden Gründe führten dazu, dass die Kirche in den

Missionszentren und den Dörfern blieb. Die wenigen Menschen, die sich in den Städten aufhielten, waren fast alle männlich und immer in Fabriken beschäftigt, so dass sie keine Zeit hatten, sich der Kirche zu widmen. Die Familien wurden in *Kumusha* zurückgelassen und der Mann besuchte sie regelmäßig.

Berichten zufolge waren im Jahr 1931 nur 39,3 % der männlichen Simbabwer als Lohnarbeiter beschäftigt.[7] Sie waren in landwirtschaftlichen Betrieben, Bergwerken und in der verarbeitenden Industrie beschäftigt. Irgendwann änderte sich der Trend, und immer mehr Menschen begannen, in den Städten nach Arbeit zu suchen. Die Afrikaner fühlten sich in ihren Dörfern wohl und wollten nicht auf Arbeitssuche gehen - eine Situation, die das Wachstum der Industrie beeinträchtigte. Die Kolonialverwaltung führte daraufhin eine Art Steuer für jeden männlichen Erwachsenen ein. Die einzige Möglichkeit, an das Geld zu kommen, bestand darin, für die Weißen zu arbeiten, die in den Städten, auf den Farmen oder in den Minen tätig waren. Die Afrikaner mussten sich mit der Geldwirtschaft abfinden, indem sie in die Stadt gingen und dort Arbeit suchten.

Durch den plötzlichen Wandel stieg auch die Zahl der Stadtbewohner, die vom Lande wegzogen. Zunächst waren nur Männer betroffen, doch schon bald änderte sich das Bild. Die Frauen folgten ihren Ehemännern und begannen ein Leben in der Stadt, zusammen mit anderen Frauen, die Arbeit suchten. Als nun ganze Familien in den Städten wohnten, bedeutete dies auch, dass der Lebensstil und die Anerkennungen der Landbevölkerung mit

[7] Ibid : 96

ihren Anhängern mitzogen. Die Kirchen folgten ihren Anhängern, oder es war genau umgekehrt. Ein gutes Beispiel für städtische Kirchen ist die Situation, die in Harare zu beobachten war. Es gab ein Unterbringungsproblem, da die Stadt noch jung und im Wachstum begriffen war, die Bevölkerung jedoch zunahm.

Es gab zwei Kategorien von Wohnsystemen: Es gab Quartiere für Alleinstehende, die in den Wohnungen im heutigen Mbare untergebracht waren. Die andere Kategorie bestand aus Verheirateten und Familienangehörigen, die mit ihren Familien in der Stadt wohnten. Sie mussten ihre Ehe durch eine Heiratsurkunde nachweisen, eine Bestätigung, die nur die Kirche ausstellen konnte. In den späten sechziger Jahren, als die Stadt Harare begann, auf die Forderungen nach Expansion zu reagieren, machte die United Methodist Church erneut eine bedeutende Entwicklung durch, indem sie Kirchen in den afrikanischen Wohngebieten Highfield, Mbare, Mufakose und Mabvuku gründete und dies mit dem Wachstum der Stadt weiter tat. Die neuen Kirchen waren in der Praxis eine Erweiterung der Missions- und Landkirchen, wiesen aber im Vergleich bessere physische Strukturen auf. Der Stadtrat war sehr hilfsbereit und begann, Grundstücke für den Bau von Kirchen zur Verfügung zu stellen, so wie es auch bei Schulen und Bierhallen der Fall war. Mit der Zeit wurde die Kirche in der Stadt die stärkste in Bezug auf die Mitgliederzahl und die Unterstützung für die verschiedenen Programme der Vereinigten Methodistischen Kirche, eine Situation, die auch heute noch besteht. Da die meisten Menschen in den Städten arbeiten, sind sie in der Lage, die Kirche zu unterstützen, was dazu geführt hat, dass die Projekte und Aktivitäten der Kirche erfolgreicher waren als die Unterstützung aus den Missionszentren und der Landkirche.

Auf die Abwanderung von Kirchenmitgliedern in die Städte folgte unmittelbar die Abwanderung von Pfarrern in die städtischen Kreise, wodurch die Landgemeinden vorübergehend ausgehungert wurden. Es entstand die unmittelbare Notwendigkeit, mehr Geistliche auszubilden, um der Expansion gerecht zu werden und die in den Dorfkirchen entstandenen Lücken zu schließen. Die United Methodist Church wurde in Mutare gegründet, so dass der Einfluss in der Stadt sofort spürbar war, sich aber auch auf andere Städte ausbreitete, in denen sich bereits andere Kirchen niedergelassen hatten. In Mutare gab es genügend Pastoren, aber bald wurden auch in anderen Städten sowie in den landesweiten Missionszentren und ländlichen Stationen Pastoren benötigt.

Zunächst wurden die Pastoren in Old Mutare ausgebildet, allerdings in geringerer Zahl. Später zog die Kirche in Absprache mit der Methodistischen Kirche in Simbabwe um und begann mit der Ausbildung ihrer Mitarbeiter am Epworth Theological College in Harare, Hatfield. Bis heute werden an diesem College, das jetzt United Theological College heißt, Pastoren auf Diplomniveau ausgebildet, aber viele andere Kirchen haben sich angeschlossen und schicken ihre Studenten dorthin. Mit der Gründung der Africa University in Old Mutare bildet die United Methodist nun ihre eigenen Pastoren auf Diplomniveau an der theologischen Fakultät aus, die von

Reverend Doctor B Maenzanise geleitet wird.[8]

DIE VEREINIGTE METHODISTISCHE KIRCHE UND DAS VERHÄLTNIS ZUM STAAT BEI DER UNABHÄNGIGKEIT

In der von den beiden, Pfarrer Kurewa und Bischof Nhiwatiwa, verfassten Literatur wird nicht erwähnt, dass die Kirche durch ihren Bischof im Rahmen der politischen Partei UANC am Kampf für die Unabhängigkeit beteiligt war. Stattdessen verweisen sie in neutraler Weise darauf und stellen die Position der Kirche als im Einklang mit allen anderen betroffenen Nationalisten dar. In der Geschichte des Landes, insbesondere in der von der derzeitigen Regierung geschriebenen, werden die Kirche und ihre Führung als Teil der Bewegung betrachtet, die gegen die Befreiung des Volkes kämpfte.

Die Kirche kann sich jedoch von der politischen Position eines ihrer Mitglieder distanzieren, da sie persönliche Entscheidungen und Gefühle vertritt. Die Tatsache, dass der damalige Bischof stark in die Politik des Landes involviert war, bedeutet nicht, dass alle Mitglieder der Kirche dieselben Ansichten und Gefühle teilten. Bei der Erlangung der Unabhängigkeit erkannte der erste Premierminister R. Mugabe die Bedeutung der Kirche als Partner für die Entwicklung und die nationale Heilung an. Da er selbst überzeugter Katholik war, lud R. G. Mugabe die Kirche ein, sich offen an den Feierlichkeiten und dem Wiederaufbau des neuen Landes zu beteiligen.

---

[8] Ebd., Seite 99

KAPITEL DREI: DAS BIBLISCHE VERSTÄNDNIS VON HEILUNG UND VERSÖHNUNG

EINFÜHRUNG

Das Thema Heilung und Versöhnung hat in der theologischen Diskussion über Mission in der gesamten christlichen Geschichte immer wieder Erwähnung und Widerhall gefunden. Die Erfahrung der Aufarbeitung einer gewalttätigen Vergangenheit, die Notwendigkeit, Feindseligkeit zu beenden, und die langwierige Arbeit des Wiederaufbaus zerrütteter Gesellschaften haben das Thema in das Bewusstsein vieler Menschen gerückt, insbesondere derjenigen, die sich mit der Arbeit der Kirche in der Gesellschaft befassen. Das Thema sollte jedoch auf einer biblischen Grundlage beruhen, wenn es für die Kirche innerhalb einer christlichen Gemeinschaft sinnvoll und anwendbar sein soll. In diesem Kapitel soll die biblische Grundlage des Themas als Rechtfertigung für kirchliche Initiativen zur nationalen Heilung und Versöhnung betrachtet und diskutiert werden.

HEILUNG

"Denn ich will euch gesund machen und von euren Wunden heilen, spricht der Herr." (Jeremia 30,17). Mit Krankheit ist eine biologische Fehlfunktion oder ein Zustand gemeint, der im Vergleich zu dem, wie Gott den menschlichen Körper geschaffen hat, abnormal ist. Vollkommene Gesundheit bedeutet, dass im Körper nichts falsch oder mangelhaft ist und dass es keinen Raum für Verbesserungen gibt. Heilung ist ein theologisches Thema, das sich durch die gesamte Bibel zieht. Die hebräische Bibel enthält sporadische Hinweise auf Heilung, insbesondere im Buch der Psalmen und in den Berichten der Propheten. Im alten Orient, in der Zeit, in der die Bibel geschrieben wurde, wurde "Gesundheit" nicht als rein körperliche Eigenschaft verstanden, sondern als ein ganzheitlicher Begriff, der das gesamte Wohlbefinden umfasst. Die wichtigste Eigenschaft der Gesundheit war die Aufrechterhaltung einer guten Beziehung zu Gott. Daher wurde Heilung durch Gebet, Bitten und Flehen zu Gott erwartet. Gott heilte entweder direkt oder in einigen Fällen durch die Propheten, wie bei der Heilung von Naaman durch Elisa (2. Könige 5,1-14) oder bei der Heilung von Hiskia durch Jesaja (Jesaja 38).

Die Heilungsberichte im Neuen Testament sind viel zahlreicher und werden immer von Jesus oder einem seiner Jünger vermittelt. Die Jesus zugeschriebenen Heilungen sind sehr unterschiedlich, aber es gibt fünf übergreifende Themen, die immer wieder auftauchen. Erstens betont Jesus das Mitgefühl für andere, indem er die Goldene Regel, einen Bruder oder eine Schwester zu lieben wie sich selbst, nachahmt. Zweitens führt Jesus Heilungen durch, um die Macht des Reiches Gottes zu bezeugen; in diesen Fällen ist der Glaube an Gott wichtig (Lukas 17:11-19). Drittens sieht Jesus Krankheit als etwas Unnatürliches für den Körper an, das mit einer bösen Macht verbunden ist. In solchen Fällen handelt Jesus als Befreier, der die Person aus dem Griff des Bösen befreit (Markus 9,17-25). Viertens geht die Heilung durch Jesus manchmal mit moralischer Reue einher, was darauf hindeutet, dass die Sünde die Ursache mancher Krankheiten ist (Markus 2,5). Fünftens versucht Jesus, seine Jünger über Heilung zu belehren, in der Hoffnung, dass seine Anhänger seinen Heilungsdienst fortsetzen werden (Mt

10,8).

Rudolf Bultman ist ein moderner Bibelskeptiker, der die Heilungsberichte des Neuen Testaments als nicht übernatürlich ansieht. In seinem Buch "*Jesus Christus und die Mythologie*" lehnt Bultman den wörtlichen Charakter der Heilungsberichte ab und schlägt vor, sie als eine Art Mythologie oder literarische Symbolik zu betrachten[18]. Bultman ist der Ansicht, dass das Hauptthema, das sich durch das Neue Testament zieht, die eschatologische Erwartung ist, dass Jesus ein neues Reich Gottes einführen wird. Die Absicht der Verfasser der Evangelien bestand also darin, ihre eschatologische Sichtweise durch Ereignisse und Symbole zu untermauern, die über das tägliche Leben hinausgehen. Bultman behauptet, dass moderne Leser die Wunderheilungen als "Mythologie" erkennen sollten - als literarische Mittel, die die biblischen Autoren zur Veranschaulichung dieses neuen Reiches auf Erden verwendeten. Bultman glaubt, dass moderne Leser ein anderes Bewusstsein haben, das in das wissenschaftliche Modell eingebettet ist.[19]

VERSÖHNUNG

Der Begriff Versöhnung leitet sich vom lateinischen Wortstamm *conciliatus ab*, der "zusammenkommen" oder "sich versammeln" bedeutet.[20] Im Wesentlichen geht es bei der Versöhnung im biblischen Sinne um ein Leben ohne Mauern. Versöhnung ist sowohl ein Ziel - etwas, das erreicht werden soll - als auch ein Prozess - ein Mittel, um dieses Ziel zu erreichen. Es gibt keine schnelle Lösung für die Versöhnung, sie ist ein langfristiger Prozess. Er braucht seine eigene Zeit: sein Tempo kann nicht diktiert werden. Es ist auch ein tiefgreifender Prozess: Es geht darum, sich mit einer unvollkommenen

Realität zu arrangieren, die Veränderungen in den Einstellungen der Menschen, ihren Hoffnungen, Emotionen, Gefühlen und Überzeugungen erfordert. Ein solch tiefgreifender Wandel ist eine große und oft schmerzhafte Herausforderung, die nicht überstürzt oder aufgezwungen werden kann. Daher muss die Versöhnung ein umfassender, integrativer Prozess sein. Gegenwärtig spielt die Bevölkerung Simbabwes im Versöhnungsprozess nur eine geringe oder gar keine Rolle. Der Prozess muss breit angelegt sein und die vielen verschiedenen Interessen und Erfahrungen in der gesamten Gesellschaft einbeziehen.21 Kurz und bündig gesagt, bezieht sich Versöhnung auf relativ freundschaftliche Beziehungen, die typischerweise nach einem Bruch in der Beziehung mit einseitiger oder gegenseitiger Zufügung extremer Verletzungen hergestellt werden.

VERSÖHNUNG: DAS HERZSTÜCK DES EVANGELIUMS

Obwohl das Wort "Versöhnung" als solches in den hebräischen Schriften nicht vorkommt und nur vierzehn Mal im Neuen Testament, ist die Bibel voll von Geschichten der Versöhnung, von den Geschichten von Esau und Jakob (Gen 25,19-33,20) und Josef und seinen Brüdern (Gen 37-45) bis hin zu den Gleichnissen Jesu, insbesondere dem vom verlorenen Sohn. Diese Geschichten verdeutlichen uns den Kampf um Versöhnung. Viele von ihnen enden, bevor die Versöhnung tatsächlich erreicht ist - etwas, das einen Großteil der Erfahrungen in Simbabwe widerspiegelt.

Es ist vor allem der Apostel Paulus, der uns das christliche Verständnis von Versöhnung vor Augen führt. Für Paulus ist Gott der Urheber der Versöhnung: Daran hat er keinen Zweifel. Wir haben nur Anteil an dem, was

Gott in unserer Welt bewirkt. Man kann drei Prozesse der Versöhnung unterscheiden, an denen Gott beteiligt ist. Der erste ist, dass Gott die sündige Menschheit mit sich selbst versöhnt. Dies wird besonders im Brief des Paulus an die Römer (5,1-11) dargelegt, wo Paulus den Frieden beschreibt, den Christen mit ihrem Gott haben, der durch den Heiligen Geist, der ihnen geschenkt wurde, Liebe in ihre Herzen ausgegossen hat. Wir sind durch den Tod des Sohnes Jesus Christus mit Gott versöhnt worden. Durch Christus haben wir nun die Versöhnung empfangen. Dieser Akt der Versöhnung durch Gott, der uns von unserer Sünde befreit, wird manchmal als vertikale Versöhnung bezeichnet. Als solche ist sie die Grundlage für alle anderen Formen der christlichen Versöhnung. Sie ist auch für Paulus' eigene Erfahrung mit Christus von zentraler Bedeutung, nachdem er von der Verfolgung der Kirche bekehrt und "zur rechten Zeit" zum Apostel Jesu Christi gemacht worden war[22].

Die zweite Art der Versöhnung, von der Paulus spricht, wird zwischen einzelnen Menschen und gesellschaftlichen Gruppen herbeigeführt. Das wichtigste Beispiel für diese Versöhnung ist die Versöhnung zwischen Juden und Nichtjuden. Wie diese Versöhnung durch das Blut Christi zustande kommt, wird in Epheser 2,12-20 beschrieben: Die Heiden, die ohne Hoffnung und Verheißung waren, sind in Christus lebendig geworden, der die Mauer der Feindschaft, die sie trennte, niedergerissen und sie zu Mitbürgern im Haus Gottes gemacht hat. Diese zweite Art der Versöhnung wird manchmal als horizontale Versöhnung bezeichnet.

Die dritte Art der Versöhnung stellt das Wirken Gottes durch Christus in den

Kontext der gesamten Schöpfung. In den Hymnen, mit denen die Briefe an die Epheser und Kolosser beginnen, wird Gott als derjenige gesehen, der alle Dinge und alle Menschen - ob im Himmel oder auf der Erde - in Christus versöhnt (Eph 1,10) und durch das Blut des Kreuzes Christi Frieden in der ganzen Schöpfung herrschen lässt (Kol 1,20). Diese Art der Versöhnung wird manchmal als kosmische Versöhnung bezeichnet und stellt die Fülle von Gottes Plan für die Schöpfung dar, die am Ende der Zeit verwirklicht werden soll.

Paulus sieht die Kirche durch einen Dienst der Versöhnung am Versöhnungswerk Gottes beteiligt, wie er es in 2. Korinther 5,17-20 kurz und bündig beschreibt:

Wer also in Christus ist, der ist eine neue Schöpfung: alles Alte ist vergangen, siehe, alles ist neu geworden!

All das kommt von Gott, der die Menschen durch Christus mit sich selbst versöhnt und ihnen das Amt der Versöhnung übertragen hat; das heißt, Gott hat in Christus die Welt mit sich selbst versöhnt, indem er ihnen ihre Schuld nicht anrechnet und uns die Botschaft der Versöhnung anvertraut hat. Christen sind also Botschafter Christi, da Gott durch sie seinen Appell an die Menschen richtet; sie bitten im Namen Christi und lassen sich mit Gott versöhnen. (NRSV)

Die christliche Erzählung von der Versöhnung stützt sich also auf die Geschichte der Menschwerdung, des Leidens, des Todes, der Auferstehung und der Himmelfahrt Jesu Christi und stellt diese in den Mittelpunkt. Das messianische Wirken Jesu von Nazareth verbindet sein Leiden mit dem Leiden der gesamten Menschheit und ist somit Ausdruck der tiefen Solidarität Gottes mit einer gequälten, zersplitterten und gefolterten Welt. Das Kreuz ist zugleich Ausdruck des göttlichen Protestes gegen dieses Leiden, denn Jesus von Nazareth litt als unschuldiges Opfer[23]

Es ist die vertikale Versöhnung, die die horizontale und kosmische Dimension möglich macht. In diesem Rahmen der vertikalen, horizontalen und kosmischen Versöhnung müssen wir die christliche Mission sehen. Diese Mission ist in der ***missio dei*** verwurzelt, dem Hervorgehen der Heiligen Dreifaltigkeit in den Akten der Schöpfung, der Inkarnation, der Erlösung und der Vollendung. Durch den Sohn hat Gott der Welt die Versöhnung gebracht und die Sünde, den Ungehorsam und die Entfremdung, die wir verursacht haben, überwunden. Christus vereint uns mit Gott durch seinen rettenden Tod, den Gott durch die Auferstehung und die Offenbarung des verklärten Lebens bestätigt. Der Heilige Geist befähigt die Kirche, an diesem Dienst des Sohnes und des Geistes an der Versöhnung der Welt teilzunehmen. Die Kirche ist selbst ständig versöhnungsbedürftig, wird aber zum Vehikel für Gottes rettende Gnade, die zu einer zerbrochenen und entmutigten Welt kommt.

Man könnte dieses biblische Verständnis von Versöhnung unter fünf kurzen Überschriften zusammenfassen:

1. Gott ist der Urheber jeder echten Versöhnung. Wir aber haben Anteil an Gottes Versöhnungswerk. Wir sind, mit den Worten des Paulus, "Botschafter Christi" (2 Kor 5,20).
2. Gottes erstes Anliegen im Versöhnungsprozess ist die Heilung der Opfer. Dies ergibt sich aus zwei Erfahrungen: Der Gott der großen Propheten der hebräischen Schriften und der Gott Jesu Christi kümmert sich besonders um die Armen und Unterdrückten. Zweitens tun die Täter oft nicht Buße, und die Heilung des Opfers darf nicht von reuelosen Tätern als Geisel genommen

werden.

3. In der Versöhnung macht Gott sowohl aus dem Opfer als auch aus dem Täter eine "neue Schöpfung" (2 Kor 5,17). Das bedeutet zwei Dinge. Erstens ist es bei tiefem Unrecht unmöglich, dorthin zurückzukehren, wo wir waren, bevor das Unrecht geschah; das würde die Schwere des Geschehenen verharmlosen. Wir können nur vorwärts gehen und einen neuen Platz einnehmen. Zweitens: Gott will sowohl die Heilung des Opfers als auch die Reue des Täters. Keines von beiden sollte ausgelöscht werden; beide sollten an einen neuen Ort, eine neue Schöpfung, gebracht werden.

4. Christen finden einen Weg durch ihr Leiden, indem sie es in das Leiden, den Tod und die Auferstehung Christi einordnen. Es ist diese Einordnung unseres Leidens in das Leiden Christi, die uns hilft, seiner zerstörerischen Kraft zu entkommen. Es weckt auch Hoffnung in uns.

5. Die Versöhnung wird erst dann vollständig sein, wenn alle Dinge in Christus zusammengeführt sind (Eph 1,10). Bis dahin erleben wir nur eine teilweise Versöhnung, aber wir leben in Hoffnung.

Versöhnung bezeichnet den Akt, bei dem Menschen, die sich voneinander getrennt haben, wieder zusammenkommen oder miteinander wandern. Im Wesentlichen bedeutet es die Wiederherstellung zerbrochener Beziehungen oder das Zusammenkommen von Menschen, die sich entfremdet haben und durch Konflikte voneinander getrennt wurden, um wieder eine Gemeinschaft zu bilden[24].

WAHRHEIT

Wahrheit sollte als Eingeständnis von Verletzungen, Ängsten und Ambitionen, von Unrecht und Schuld durch die Täter und/oder die Gesellschaft verstanden werden. Versöhnung, die auf Unwahrheit beruht oder sich der Realität nicht stellt, ist keine echte Versöhnung und wird nicht von Dauer sein. Auch wenn die Wahrheit nicht immer zur Versöhnung führt, gibt es keine echte Versöhnung ohne Wahrheit[25]. Die unvermeidliche Frage, die sich an jede Geschichte anschließt, betrifft das Wesen der Wahrheit, wobei wir erkennen, dass "Wahrheit" ein belastetes Wort ist. Der Kern der Versöhnung ist nicht die Herstellung billiger Erklärungen und Aussprüche, noch ist es eine Flucht vor den Tatsachen[26]. Vielmehr geht es darum, sich unliebsamen Wahrheiten zu stellen, um unvereinbare Weltanschauungen zu harmonisieren, so dass unvermeidliche und andauernde Konflikte und Unterschiede zumindest in einem einzigen Universum der Verständlichkeit bestehen. Es kann keine Wahrheit ohne Gerechtigkeit geben. Und keine Gerechtigkeit ohne Wahrheit", sagte Premierminister Tsvangirai.

JUSTIZ

Gerechtigkeit und Versöhnung sind untrennbar miteinander verbunden, so dass Versöhnung ohne Gerechtigkeit keine echte Versöhnung ist und nicht von Dauer sein wird. Das Streben nach Gerechtigkeit und Versöhnung sind jedoch nicht dasselbe. Gerechtigkeit ist eine notwendige Bedingung für Versöhnung, aber keine hinreichende Bedingung. Wenn man sich für Versöhnung einsetzt, muss man sich mit der Vergangenheit befassen, Missstände beseitigen und gleichzeitig eine lebenswerte und freundschaftliche Gegenwart und Zukunft für alle Beteiligten schaffen[27].

BARMHERZIGKEIT

Barmherzigkeit bezieht sich auf das Angebot der Gnade. Der Täter sollte die Wahrheit sagen, sich entschuldigen und wenn möglich Wiedergutmachung leisten. Eine persönliche Entschuldigung für das Unrecht, das er begangen hat, und die Übernahme von Verantwortung würde dazu beitragen, die zwischenmenschlichen Beziehungen wiederherzustellen und den Weg für Gerechtigkeit zu ebnen, so dass Opfer und Täter gemeinsam die Vergangenheit aufarbeiten und eine gemeinsame Zukunft planen können. Vergebung kann folgen, aber sie kann nicht erzwungen werden.

FRIEDEN

Frieden ist mehr als nur die Abwesenheit von offener Gewalt; er beinhaltet die aktive Schaffung gerechter, harmonischer, gesunder und nachhaltiger Beziehungen auf verschiedenen Ebenen der Gesellschaft.

Frieden kann nicht ohne Gerechtigkeit erreicht werden, und dies wird in der Bibel immer verstanden und vorausgesetzt. In Psalm 85, Vers 10, heißt es: "Gerechtigkeit und Frieden werden sich küssen". Nach Harold Well sind Rechtschaffenheit (rechte Beziehungen zu Gott und zueinander) und Gerechtigkeit im hebräischen Sprachgebrauch im Wesentlichen Synonyme, und wenn Rechtschaffenheit gedeiht und Frieden herrscht, sind wir mit der natürlichen Ordnung versöhnt. In der Tat wird die Frucht der Gerechtigkeit Frieden sein, und die Wirkung der Gerechtigkeit wird Ruhe und Zuversicht sein (Jesaja 32, 15-17)[28]. Aus dieser Perspektive integriert der Friede fortan den Einzelnen, die Gesellschaft und die Natur. Er wird so zu einem umfassenden Paradigma, von dem aus das Leben und die Beziehungen im Allgemeinen betrachtet werden können, anstatt nur eine Technik zur Beilegung sozialer Streitigkeiten zu sein.

DIE KIRCHE: EINE GEMEINSCHAFT DER ERINNERUNG UND DER HOFFNUNG

Wo steht also die Kirche? Ihre Teilnahme an der ***missio dei***, die hier als die Versöhnung der Welt mit Gott selbst verstanden wird, ist vor allem durch drei Dinge gekennzeichnet. Der Dienst der Versöhnung macht die Kirche erstens zu einer Gemeinschaft des Gedenkens und zweitens zu einer Gemeinschaft der Hoffnung. Ihr Auftrag, in Wort und Tat die Botschaft der Versöhnung zu verkünden, ermöglicht die vielleicht intensivste Gotteserfahrung, die in unserer unruhigen, zerbrochenen Welt möglich ist.

Die Kirche ist in erster Linie eine Gemeinschaft des Gedenkens. Sie lässt sich nicht auf das Vergessen ein, das die mächtigen Politiker den Schwachen und Armen aufzwingen - ihr Leiden zu vergessen, ihre Erinnerungen an das, was ihnen angetan wurde, auszulöschen, so zu tun, als sei das Unrecht nie geschehen. Die Kirche als Gemeinschaft der Erinnerung schafft jene sicheren Räume, in denen die Erinnerungen laut ausgesprochen werden können und der schwierige und lange Prozess der Überwindung des berechtigten Zorns beginnt, der, wenn er uneingestanden bleibt, alle Möglichkeiten für die Zukunft vergiften kann. In sicheren Räumen hat das Vertrauen, das zerstört wurde, die Würde, die verleugnet und entrissen wurde, die Chance, wiedergeboren zu werden. Einer Erinnerungsgemeinschaft geht es auch um eine wahrheitsgetreue

Erinnerung, nicht um die verzerrenden Lügen, die den Interessen des Täters auf Kosten des Opfers dienen. Eine Erinnerungsgemeinschaft behält den Fokus der Erinnerung bei, wenn sie Gerechtigkeit in all ihren Dimensionen - strafend, wiederherstellend, verteilend, strukturell - anstrebt.[29] Wenn man nicht nach Gerechtigkeit strebt und dafür kämpft, klingt die Wahrheitserzählung falsch und die geschaffenen sicheren Räume sind unfruchtbar. Schreiter zeigt auf aufschlussreiche Weise den Zusammenhang zwischen Erinnerung und Identität. Im Kontext von Gewalt und dem, was Schreiter als Kampf zwischen dem Narrativ der Lüge und einem erlösenden Narrativ ansieht, identifiziert er "eine Rekonstruktion der Erinnerung", die der

Fähigkeit zu vertrauen. Indem er die Erinnerung mit der Identität verbindet, behauptet er weiter:

Das Gedächtnis ist der wichtigste Speicher für unsere Identität. Wir greifen auf unser Gedächtnis zurück, um zu wissen, wer wir als Individuen und als Volk waren. Wir ergänzen unser Gedächtnis, wenn wir Erfahrungen und Einsichten gewinnen; wir passen unsere Erinnerungen im Lichte dieser Erfahrungen und Einsichten an. Der Verlust des Gedächtnisses bedeutet den Verlust der Identität[30].

Das gleiche Argument über die Beziehung zwischen Erinnerung und Identität wird von Santer in Bezug auf den nordirischen Kontext vorgebracht. In seiner Antwort auf die Frage, warum die Kategorie "Erinnerung" so wichtig ist, behauptet er

Das Gedächtnis ist wichtig, weil es eine entscheidende Rolle für unser Identitätsgefühl spielt. Ein Mensch mit Amnesie hat seine Identität verloren, außer dem, was aus den Recherchen und Erinnerungen anderer Menschen rekonstruiert werden kann. Durch unsere Erinnerungen, durch unsere Rückerinnerung an die Vergangenheit und durch das, was andere uns über die Vergangenheit erzählt haben, identifizieren wir uns als das, was wir sind[31].

Eine Gemeinschaft des Gedenkens befasst sich auch mit der Zukunft des Gedenkens, d. h. mit den Aussichten auf Vergebung und mit dem, was darüber hinaus liegt. Der schwierige Dienst des Gedenkens, wenn man ihn so nennen darf, ist möglich, weil er sich auf die Erinnerung an das Leiden, den Tod und die Auferstehung Jesu Christi gründet: den, der ohne Sünde war und für uns zur Sünde gemacht wurde, damit wir Gottes Gerechtigkeit werden (vgl. 2 Kor 5,21).

In der Erinnerung an das, was Christus durchgemacht hat - Leiden und Tod, aber nicht vergessen und tatsächlich von Gott auferweckt -, liegt die Quelle unserer Hoffnung. Die Hoffnung ermöglicht es uns, die Vision einer versöhnten Welt lebendig zu halten, nicht in einer oberflächlichen Utopie, sondern in der Erinnerung an das, was Gott in Jesus Christus getan hat. Paulus fasst dies an einer anderen Stelle im zweiten Korintherbrief gut zusammen:

> Aber wir halten diesen Schatz in tönernen Gefäßen, damit deutlich wird, dass diese außergewöhnliche Macht Gott gehört und nicht uns. Wir sind in jeder Hinsicht bedrängt, aber nicht zermalmt; wir sind verwirrt, aber nicht verzweifelt; wir werden verfolgt, aber nicht verlassen; wir werden niedergeschlagen, aber nicht vernichtet; wir tragen immer den Tod Jesu am Leib, damit das Leben Jesu auch an unserem Leib sichtbar wird (2 Kor 4,7-10).

VERGEBUNG

Ohne Vergebung bleiben wir im Unrecht stecken und kommen in unserem neuen Leben nicht weiter. Wir vergeben nicht, weil wir im Recht sind, und wir wollen uns noch mehr rechtfertigen, als wir frei oder glücklich sein wollen. Versöhnung setzt Vergebung voraus und baut auf ihr auf.

Die Vergebung leugnet niemals das Unrecht (Römer 3,10-23). Aber sie vergibt dem Täter, der es offensichtlich nicht besser weiß oder zu krank ist, um jemals den Unterschied zu erkennen. Vergebung bedeutet nicht, dass man Dieben seine Tür öffnen muss. Sie verlangt von den Menschen nicht, dass sie dumm sind. Die Ironie ist, dass man umso hartherziger, rachsüchtiger und wütender wird, je weniger man vergibt, und deshalb umso weniger in der Lage ist, irgendeine Wahrheit zu erkennen. Der Hass lehnt nicht nur die Freude ab, er lehnt auch die Wahrheit ab und kann eine echte Bedrohung nicht erkennen, wenn sie da ist.

Vergebung ist oft der letzte Schritt auf dieser kleinen Leiter zur emotionalen und geistigen Freiheit. Wie kann man sich versöhnen, wenn man nicht vergibt? Wie Corrie Ten Boom, eine Christin, die während des Holocausts ein Konzentrationslager der Nazis überlebte, sagte: "Vergebung bedeutet, einen Gefangenen freizulassen und zu erkennen, dass man selbst der Gefangene war "[32].

Eines der besten Beispiele für Vergebung ist die Geschichte von Josef und seinen Brüdern, die ihn aus Neid und Habgier gemeinsam verrieten und dem Tod überließen. Er kroch, um zu überleben, dann wurde er versklavt und ins Gefängnis geworfen. Viele Jahre vergingen. Doch als seine Brüder viele Jahre später nach Ägypten kamen, vergab er ihnen nicht nur, nachdem er gesehen hatte, dass sie sich geändert hatten (und wahre Reue zeigten), sondern er freute sich mit ihnen.

Die Lehre Jesu im Neuen Testament stellt die Vergebung als ein wesentliches Merkmal der ***ekklesia*** dar. Die Gemeinschaft der Jünger soll sich von den säkularen Gesellschaften durch ihren Wunsch und ihre Bereitschaft zur Vergebung und Versöhnung unterscheiden. Der Glaube, den sie geerbt haben, ruft sie dazu auf, die Versöhnung zwischen den Völkern zu fördern. Die öffentliche Bedeutung der Gottes- und der Nächstenliebe muss betont werden, ebenso wie die erlösende Gegenwart Gottes.

Vergebung ist gleichzeitig ein Bestandteil der menschlichen Existenz, der nicht ohne erhebliche persönliche und gemeinschaftliche Kosten einfach abgetan werden kann. Solange die Gesellschaft es versäumt, sich mit ihrer Vergangenheit auseinanderzusetzen, ihr Versagen einzugestehen und sich ehrlich und demütig um Heilung und Vergebung zu bemühen, wird der Anschein bestehen bleiben, dass alles in Ordnung ist. Der Ballast der Vergangenheit wird weiterhin das Leben in der Gegenwart belasten, und ein Vermächtnis von Schuld, Scham, Groll und Angst wird in die Zukunft getragen. Wenn Gemeinschaften sich jedoch ehrlich und mutig dem stellen, was sie belastet, und sich auf einen Prozess der Vergebung und Heilung einlassen, wird dieses Erbe nach und nach verschwinden.

Tutus positive Definition von Vergebung ist vor allem für die Opfer, oder sagen wir, für diejenigen, die unter der Apartheid in Südafrika gelitten haben, eine große Herausforderung. "Vergeben", sagt Tutu, "bedeutet, auf das Recht zu verzichten, es dem Täter mit seiner eigenen Münze heimzuzahlen, aber es ist ein Verlust, der das Opfer befreit". Auf die Frage, ob die Vergebung des Opfers von der Reue und dem Geständnis des Täters abhängt, antwortet Tutu:

> Es steht außer Frage, dass ein solches Bekenntnis natürlich eine sehr große Hilfe für denjenigen ist, der vergeben will, aber es ist nicht unbedingt notwendig (meine Kursivschrift). Jesus hat nicht gewartet, bis diejenigen, die ihn ans Kreuz nagelten, um Vergebung gebeten hatten. Als sie die Nägel einschlugen, war er bereit, seinen Vater um Vergebung zu bitten, und er lieferte sogar eine Entschuldigung für ihr Tun.

Wenn das Opfer nur dann vergeben könnte, wenn der Täter gesteht, dann wäre das Opfer in der Laune des Täters gefangen, in der Opferrolle gefangen, unabhängig von seiner eigenen Haltung oder Absicht" (vgl. Müller-Fahrenholz 1997 Die Kunst des Verzeihens)[33].

In typischer Erzählweise zeigt Tutu, wie der Akt der Vergebung ein Fenster in die Zukunft öffnet, nicht nur für den Vergebenden, sondern insbesondere auch für den Schuldigen, denn Vergebung ist ein Bekenntnis zum Glauben an die Fähigkeit des Letzteren, einen neuen Anfang zu machen.

SCHLUSSFOLGERUNG

Dieses Kapitel befasste sich mit dem Konzept der Versöhnung und definierte die Begriffe und Aufgabenbereiche dieses Konzepts. Es wurden auch die biblischen Dimensionen, die mit dem Unternehmen verbunden sind, und die biblische Grundlage des Konzepts erörtert. Es wurden auch die Auswirkungen der Versöhnung herausgearbeitet und die Anforderungen des Prozesses dargelegt.

KAPITEL IV: DER GESCHICHTLICHE HINTERGRUND DER POLITISCHEN KONFLIKTE UND DIE NOTWENDIGKEIT DER NATIONALEN HEILUNG UND VERSÖHNUNG IN SIMBABWE

4.1 EINLEITUNG

Die vorkoloniale Ära, die Kolonialzeit und die postkoloniale Ära dienen als leicht identifizierbare historische Perioden, in denen simbabwische Konflikte stattgefunden haben. Jede Epoche hat ihre eigenen Konfliktquellen, die als politisch, wirtschaftlich und kulturell angesehen werden können. Die verschiedenen Epochen haben sich jedoch gegenseitig stark beeinflusst. Was die Situation komplex macht, ist die Tatsache, dass Konflikte, die bereits vor dem Kolonialismus existierten, vom kolonialen System mit seinen "Teile und herrsche"-Strategien zurAufrechterhaltung von Macht und Kontrolle genutzt wurden, nur um dann in der postkolonialen Zeit einige der gleichen Denkweisen, Strategien und Institutionen zu übernehmen und fortzuführen. Dies macht die Herausforderungen von Heilung, Versöhnung, Gerechtigkeit und Frieden in Simbabwe sehr komplex, da es notwendig ist, sich mit den gegenwärtigen Verletzungen und Wunden zu befassen und die Wunden der Vergangenheit aufzuarbeiten. Die historischen Wunden werden durch Erinnerungen, mündliche Überlieferungen und aufgezeichnete Berichte in die Gegenwart getragen. Angehörige einer Gruppe, die in einer Epoche Opfer von Gewalt waren, sind in einer anderen manchmal zu Tätern geworden. Im Folgenden sind einige der wichtigsten historischen Konflikte aufgeführt, die im Interesse der nationalen Heilung unsere Aufmerksamkeit erfordern.

PRE-COLONIAL

Die vorkolonialen ethnischen Konflikte um die Kontrolle von Ressourcen und die Abgrenzung von Territorien sind tiefe Konfliktquellen in unserer Geschichte. Einer der bedeutendsten Konflikte war der Überfall der Ndebele auf Shona-Gruppen. Die Shona haben ihren Kindern Geschichten über die Überfälle weitergegeben, bei denen die Ndebele Vieh, Lebensmittel, starke junge Männer und schöne Frauen beschlagnahmten. Die Shona haben im Laufe der Jahre negative Gefühle gegenüber den Ndebele-Gruppen entwickelt. Zu diesen Gefühlen gehören Hass, Verachtung, Misstrauen und der Wunsch nach Vergeltung. Diese Gefühle könnten eine Erklärung für die anhaltende Rivalität zwischen den Gruppen sein, die sich während der Befreiungskämpfe und bei sportlichen, kulturellen und politischen Aktivitäten gezeigt hat. Es besteht die Notwendigkeit, die verletzenden Erinnerungen an diese ethnische Rivalität zu heilen. Damit Versöhnung stattfinden kann, müssen sich die Menschen sachdienliche Fragen stellen. Zum Beispiel: Was sind das für Geschichten? Zu welchen Zwecken wurden diese Geschichten im Laufe der Jahre erzählt? Wie nützlich sind diese Geschichten? Können diese Geschichten anders erzählt werden? Wie wurde die Psyche der rivalisierenden Gruppen durch diese historischen Ereignisse geprägt? Wie hat sich der Bedarf an Arbeitsplätzen ausgewirkt, der dazu geführt hat, dass sich die ethnischen Gruppen in allen Teilen des Landes niedergelassen haben?

DIE KOLONIALZEIT

Die Kolonialzeit war von Rassenkonflikten geprägt, die aus der Rassendiskriminierung in allen Bereichen resultierten. Bei den Schwarzen entwickelten sich Minderwertigkeitskomplexe, bei den Weißen Überlegenheitskomplexe. Dies führte zu Ressentiments bei den Schwarzen, die daraufhin einen Befreiungskampf führten. Diese Kämpfe schürten den Hass zwischen den Rassengruppen. Diese Wahrnehmungen und Gefühle beeinflussen uns auch heute noch. Wir müssen von ihnen geheilt werden. Doch bevor dies geschehen kann, müssen die Rassengruppen für ihre jeweiligen Sünden Buße tun. Wie können Schwarze und Weiße eine echte Integration und Solidarität miteinander erreichen? In seiner Ansprache an die Nation nach der Bekanntgabe der Wahlergebnisse sagte der Premierminister Cde. Robert Mugabe gesagt;

> Wir haben nicht die Absicht, unsere Mehrheit zu benutzen, um die Minderheit zu schikanieren. Wir werden dafür sorgen, dass es in diesem Land einen Platz für alle gibt. Wir wollen sowohl für die Gewinner als auch für die Verlierer ein Gefühl der Sicherheit schaffen.[34]

> ... Simbabwe gehört nicht uns, sondern ist eine Leihgabe künftiger Generationen, und deshalb sollten wir es ihnen als besseren Ort hinterlassen[35]

Diese Erklärungen kommen nach den Wahlen in Simbabwe, bei denen die schwarze Mehrheit regiert hat. Mugabe war davon überzeugt, dass trotz all des tatsächlichen oder eingebildeten Unrechts, das die Minderheit der schwarzen Mehrheit zugefügt hatte, die Notwendigkeit bestand, sich zu versöhnen und zusammenzurücken. Weiße Minderheitengruppen wurden für die Errichtung eines Systems verantwortlich gemacht, das den Schwarzen jeden sinnvollen Zugang zu den verfügbaren Ressourcen verwehrte und sie damit zu ewiger Armut verdammte. Hätten die Schwarzen nach der Erlangung der Unabhängigkeit beschlossen, sich zu rächen, hätten sie den Willen und die Macht dazu gehabt, aber die erste Rede des Premierministers deutet auf einen versöhnlichen Ton hin.

DIE NACHKOLONIALZEIT

"Wenn ich dich gestern als Feind bekämpft habe, bist du heute ein Freund und Verbündeter geworden, der die gleichen nationalen Interessen, Loyalitäten, Rechte und Pflichten hat wie ich. Wenn du mich gestern gehasst hast, kannst du dich heute der Liebe nicht entziehen, die dich an mich und mich an dich bindet. Das Unrecht der Vergangenheit muss jetzt vergeben und vergessen werden". Diese Worte stammen von Robert Mugabe, dem ersten postkolonialen Führer Simbabwes, und stammen vom 17. April 1980, wenige Monate nach dem Ende der weißen Herrschaft in Rhodesien. Sie markieren den Beginn der so genannten Politik der Versöhnung. Victor de Waal nannte Mugabes Haltung ein "Wunder" und "eine Demonstration menschlicher Reife, wie es sie in unserer Welt bisher selten gegeben hat". Viele Beobachter meinten, dass er sich damit in die Reihe anderer afrikanischer Staatsmänner stellte, die auf Versöhnung bedacht waren - Léopold Senghor aus dem Senegal, Julius Nyerere aus Tansania, Kenneth Kaunda aus Sambia und Jomo Kenyatta aus Kenia.[36]

Die postkoloniale Ära begann mit der Freude über die Unabhängigkeit vom Kolonialismus. Nach der Unabhängigkeit wurden das Bildungswesen, die Gesundheitsversorgung, die sozialen Dienste und die allgemeinen Freiheiten ausgebaut. Wie in "THE ZIMBABWE WE WANT" dargelegt, konnte die Kirche auf der soliden Infrastruktur aufbauen, die das Kolonialregime trotz der von den Vereinten Nationen nach der einseitigen Unabhängigkeitserklarung von 1965 verhängten Wirtschaftssanktionen aufrechterhalten hatte.

Als Nation haben wir jedoch in der Euphorie der Unabhängigkeit Fehler gemacht. Als Nation vergaß Simbabwe, sich um die Bedürfnisse derjenigen zu kümmern, die durch den Krieg traumatisiert waren, insbesondere um die ehemaligen Kämpfer. Die Nation ignorierte diejenigen, die durch Armut, Diskriminierung und Unterdrückung physisch und psychisch am Boden zerstört waren. Sie alle wurden weder beraten noch behandelt. Weißen, die die politische Macht verloren hatten, wurde nicht geholfen, das Trauma dieses Verlustes zu überwinden. Einige von ihnen versuchten sogar, Rhodesien inmitten einer neuen Nation und einer schwarzen Regierung neu zu gründen.

Es war eine Anmaßung, dass jeder in einem neuen Simbabwe neu anfangen konnte, ohne sich mit der Vergangenheit auseinanderzusetzen oder gemeinsam zu definieren, welche Zukunft für die Nation wünschenswert war. Die Wut und der Hass, die sich über viele Jahre angesammelt hatten, konnten nicht einfach mit der Unabhängigkeit verschwinden. Dieses Versagen bei der Vergangenheitsbewältigung hat das Land bis heute verfolgt.

POLITISCHE QUELLEN VON SPANNUNGEN

Zu den politischen Konfliktursachen gehört das unerbittliche Streben nach Macht, das Gruppen und Einzelpersonen in unserer Geschichte an den Tag gelegt haben. Einige Gruppen und Einzelpersonen haben den Wunsch gezeigt, Macht und politische Kontrolle auf Kosten anderer Gruppen und Einzelpersonen zu monopolisieren. Diejenigen, die an den Rand gedrängt wurden, haben sich gegen diese Ausgrenzung gewehrt. Die sich daraus ergebenden Konflikte bildeten die Grundlage für die entstandenen politischen Konflikte und die

Zusammenhänge, in denen wir uns gegenseitig Unrecht getan und gegen Gott gesündigt haben.

Unsere politische Geschichte ist gekennzeichnet durch den Einsatz staatlicher Institutionen als parteipolitische Instrumente zur Unterstützung der Machthaber. Diejenigen, die sich den Machthabern widersetzten, wurden an den Rand gedrängt und manchmal kriminalisiert. In der Geschichte des Landes wurde kein Raum geschaffen, der gesunde politische Debatten und Auseinandersetzungen zulässt. Dies hat zu viel Frustration und Unmut geführt[37].

Die Bildung starker politischer Oppositionsparteien ist zu einer Quelle für heftige politische Konflikte und Gewalt geworden. Frauen, Jugendliche und Minderheiten haben das Gefühl, dass sie nicht voll in die Entwicklung des Landes einbezogen werden[38]. Politisch ist das Land also tief gespalten.

Es ist unerlässlich, dass jede Theologie der Versöhnung einen Punkt der Befreiungstheologie beherzigt. Wenn wir die Heilsbedeutung des Kreuzestodes Christi interpretieren, dürfen wir diesen Tod nicht von seinen konkreten, historischen Umständen trennen. Jesus wurde vom weltlichen und religiösen Establishment seiner Zeit verfolgt und zum Tode verurteilt, weil er die Wahrheit sagte, Gerechtigkeit forderte und Barmherzigkeit zeigte. Die Christen sind durch das Evangelium dazu berufen, Mittler der Versöhnung zwischen Gruppen und Völkern zu sein, die in einer Geschichte von Konflikten und Feindschaft gefangen sind[39].

Die Botschaft der Versöhnung kann jedoch ideologisch genutzt werden, um die Privilegien des mächtigen Unterdrückers zu schützen. Im Südafrika der

Apartheid zum Beispiel wurden einige liberale Kirchen beschuldigt, Versöhnung zu predigen, um auf subtile Weise den Widerstand gegen das Böse zu vermeiden. Sie waren zwar gegen Ungerechtigkeit und Diskriminierung, glaubten aber dennoch, dass Großzügigkeit, gegenseitiges Verständnis und Vergebung auf allen Seiten zu einer besseren, versöhnteren Gesellschaft führen würden.

T. Mofokeng ist in dieser Frage der Versöhnung offen und deutlich. Ihmzufolge gibt es keine Möglichkeit der Versöhnung zwischen Schwarzen und Weißen in diesem Land (Südafrika), solange die unterdrückerischen Strukturen und Institutionen, seien sie schwarz oder weiß, nicht umgewandelt und zum Nutzen der unterprivilegierten Mehrheit eingesetzt werden... [40]

In Anbetracht dieser Aussage ist es wichtig zu betonen, dass jede Rede von Versöhnung die historische Dimension nicht ignorieren darf und mit einer Würdigung der Geschichte von Entfremdung, Konflikt und Feindschaft beginnen muss. Für Desmond Tutu muss es einer angemessenen Theologie gelingen, den Menschen zu helfen, ihr Personsein und ihre Menschlichkeit zu behaupten, weil nur "Personen" letztendlich versöhnt werden können.

4.6 WIRTSCHAFTLICHE QUELLE VON SPANNUNGEN

Wirtschaftliche Konfliktursachen haben mit der Kontrolle über die Ressourcen des Landes zu tun, darunter Reichtum, Land, Mineralien, Eigentum und andere nationale Ressourcen. Die Armut der marginalisierten Mehrheit, Korruption, Missmanagement von Ressourcen, Sanktionen, mangelnde Transparenz und Rechenschaftspflicht sind ständige

Konfliktursachen. Im Kampf um unsere angegriffene Würde und bei der Verteidigung unserer wirtschaftlichen Vorteile haben wir die Menschlichkeit der anderen aus den Augen verloren.

Wir sind durch Meinungsverschiedenheiten über den Besitz, die Nutzung und die Verteilung von nationalen Ressourcen und sozialen Gütern gespalten worden. Im Mittelpunkt der wirtschaftlichen Konflikte stand die Verteilung und Neuverteilung von Land. Der wirtschaftliche Abschwung nach der Unabhängigkeit, der zum Teil durch die Erprobung von Strukturanpassungsprogrammen verursacht wurde, und die Führungskrise, die das Land bis heute verfolgt, führten zu Frustration. Diese Frustration und Ungeduld führte schließlich dazu, dass die Menschen auf gewaltsame und intransparente Mittel zurückgriffen, um sich das Land anzueignen. Korruption, Inkompetenz, Missmanagement, Arroganz und wirtschaftliche Gier führten zum Zusammenbruch der Wirtschaft.

SOZIOKULTURELLE SPANNUNGEN

Soziale Konfliktursachen haben mit wahrgenommenen kulturellen Unterschieden, ethnischen Gruppierungen und Trennungen, religiösen Unterschieden und Unterschieden in Rasse, Geschlecht und Klasse zu tun. Der Wunsch und die Versuche einiger Gruppen, andere kulturell zu dominieren, haben zu sozialen und kulturellen Konflikten geführt. In Simbabwe wurden Intoleranz, Misstrauen und mangelnder Respekt gegenüber anderen kulturellen Gruppen durch die "Teile und herrsche"-Taktiken der Kolonialsysteme noch verstärkt. Diese Taktiken wurden im postkolonialen Kontext, in dem politische Parteien und Fraktionen ethnisiert oder tribalisiert wurden, neu erfunden. Die Unterscheidung zwischen denjenigen, die angeblich an den Befreiungskämpfen teilgenommen haben, und denjenigen, die angeblich nichts zu den Kämpfen beigetragen haben, wurde ebenfalls als Quelle für sozial destruktive Spaltungen genutzt.

Die sozialen Konflikte waren komplex und tiefgreifend. Grundlegende Menschenrechte sind verletzt worden. Die Gewalt wurde institutionalisiert, wie verschiedene aufeinanderfolgende Fälle in der Zeit vor dem Unabhängigkeitskrieg, Gukurahundi, Landumverteilung, Murambatsvina und Gewalt während der Wahlen gezeigt haben, von denen die Zeit nach den harmonisierten Wahlen vom 29. März 2008 die schlimmste war. Dies hat zum Aufbau von Frustration und Wut beigetragen, die bewältigt werden müssen, wenn es zu nationaler Heilung und Versöhnung kommen soll. Die Nation muss die tiefen Wunden, die all dies hinterlassen hat, anerkennen und darauf reagieren.

Die Gewalt nach den harmonisierten Wahlen vom 29. März 2008 hat tiefe Spuren in der simbabwischen Bevölkerung hinterlassen. In ihrer Presseerklärung vom 30. April 2008 berichtete die Katholische Kommission für Gerechtigkeit und Frieden (CCJP) von "landesweiten Berichten über systematische Gewalt in Form von Überfällen, Morden, Entführungen, Einschüchterung und mutwilliger Zerstörung von Eigentum gegen unschuldige Zivilisten, deren angebliches Verbrechen darin besteht, 'falsch' gewählt zu haben".

Postkoloniale soziale Konflikte wurden durch Denkweisen, emotionale Reaktionen und soziale Institutionen verursacht, die wir als Individuen und als soziale Gruppen aufgebaut haben. Was wir über uns selbst und unsere Beziehungen zu anderen glauben, prägt unser Verhältnis zueinander. Unsere Denkweise ist in erster Linie spaltend, ausgrenzend und aggressiv. Dies gilt für die Parteipolitik, Rassenkonflikte, ethnische Spaltungen, Geschlechter- und Generationskonflikte. Es ist klug, die verschiedenen kulturellen Animositäten, die sich auf die Politik, die Wirtschaft, die Kirche und andere Zusammenkünfte und soziale Aktivitäten ausgewirkt haben, zu erkennen und anzuerkennen. Dies ist ein ernster Bereich, der der Heilung und Versöhnung bedarf.

WO DIE SIMBABWER JETZT STEHEN

Eine Nation ist die Ansammlung von Individuen, Familien, Gemeinschaften und Ethnien, die durch eine Kombination aus Geschichte, Geburt, Geographie und einem gemeinsamen Regierungssystem miteinander verbunden sind. Im Allgemeinen kann eine Nation nicht ein Individuum oder eine ausgewählte Gruppe von Individuen und Gemeinschaften sein, die die Geschichte, das Geburtsrecht, den geografischen Raum und die politische Macht unter Ausschluss eines bedeutenden Teils von Individuen, Familien, Gemeinschaften und Ethnien definieren.[41]

Die biblische Analogie der Stämme Israels, die ursprünglich die Kinder Jakobs waren, vermittelt uns eine Vorstellung von der göttlichen Anziehungskraft von der Einzigartigkeit zur Vielfalt. Dieses Streben nach Vielfalt zieht sich durch die gesamte Bibel: von Adam, Noah, Jakob, den zwölf Jüngern, der Vielfalt der vier Evangelien, der Einheit in der Vielfalt der frühen Jerusalemer Kirche bis hin zum großen Finale der Schar von

Tausenden und Abertausenden aus allen Sprachen und Stämmen vor dem Thron Gottes (Offenbarung 7). Das heutige Christentum ist eine Fülle von unterschiedlichen Lehren, Glaubensbekenntnissen, Überzeugungen und Praktiken, die jedoch alle in Toleranz und Gewaltlosigkeit koexistieren.

Per Definition ist eine Nation daher ein zusammengesetztes Nebeneinander von verschiedenen Familien, Stämmen, Ethnien und Meinungen. Die Individualität und Vielfalt von Personen und Gemeinschaften muss anerkannt, geschützt, reguliert, zum Ausdruck gebracht und repräsentiert, harmonisiert und ausgeglichen werden, um das Wohl und den Fortschritt der Nation zu fördern.[42] Jede Nation, die die Vielfalt der individuellen und kollektiven Rechte und deren Ausdruck nicht anerkennt, bekräftigt und schützt, wird eine Spur der Spaltung, des Konflikts, des Zerfalls und des Rückschritts hinterlassen. So manches Land wurde durch unaufhörliche Bürgerkriege und Blutvergießen verwüstet, die aus dem Gefühl der Ausgrenzung durch eine radikalisierte Minderheit in der Bevölkerung entstanden.

Die simbabwische Gesellschaft ist vielfältig in Bezug auf Rasse, Kultur, religiöse und politische Zugehörigkeit. Diese Vielfalt kann eine gegenseitige Bereicherung sein, vorausgesetzt, man nimmt die Haltung ein, sich gegenseitig zu akzeptieren und Unterschiede zu tolerieren, die vielleicht nicht nach unserem Geschmack sind, wie z. B. politische Unterschiede. Intoleranz hat zu einer starken Polarisierung der simbabwischen Gesellschaft geführt. Dies hat wiederum zu einer Kultur der Gewalt in den eigenen vier Wänden und in verschiedenen Bereichen des öffentlichen

Lebens geführt. Das simbabwische Volk hat im Laufe der Jahre schwerwiegende soziale, politische und wirtschaftliche Fehler begangen. Es ist wichtig, die Bereiche zu identifizieren, in denen sie diese Fehler begangen haben, um darauf reagieren zu können. Die Hauptursache für Konflikte in Simbabwe ist die konsequente Verletzung der Menschenwürde und damit der Menschenrechte. Dadurch haben sie sich gegenseitig an der Verwirklichung der Menschenrechte gehindert, indem sie sich gegenseitig das Leben, die Bildung, die Unterkunft, die Gesundheit, die Information, die Rede- und Vereinigungsfreiheit, die Gewissensfreiheit, die Gerechtigkeit und den Frieden vorenthalten haben.

Die Frohe Botschaft von Christus besagt, dass die Menschen eins sind. Wenn wir wirklich verwandelt sind, wird unser Glaube zu unserer Kultur. Wie Papst Johannes Paul II. sagt: "Ein Glaube, der nicht zur Kultur wird, ist nicht voll akzeptiert, nicht ganz durchdacht, nicht treu gelebt".

DIE SÜDAFRIKANISCHE KOMPERATIVE; eine Fallstudie.

CHRISTENTUM UND CHRISTEN IN POST-APARTHEID-SÜDAFRIKA- Die Wahrheits- und Versöhnungskommission (TRC)

Viele Christen, wie z. B. Erzbischof Desmond Tutu von der anglikanischen Kirche in Südafrika, haben die besten Jahre ihres Dienstes darauf verwendet, die Möglichkeit einer rassisch integrierten Gesellschaft zu modellieren. Diese Bemühungen waren mit hohen persönlichen Kosten verbunden. Fast vierzig Jahre lang waren die Kirchenkanzeln einer der einzigen relativ sicheren Orte, von denen aus die Politik und die Missstände der Regierung angesprochen werden konnten[43].

Leider wurden viele derjenigen, die sich gegen diese Missstände aussprachen, mit einem Verbot belegt (d. h. es wurde ihnen untersagt, zu predigen, an öffentlichen Versammlungen teilzunehmen oder sich in Gruppen von mehr als zwei oder drei Personen aufzuhalten). Andere wurden für längere Zeit inhaftiert oder ermordet.[44]

Trotz dieser Bedrohungen entwickelte die Kirche viele prophetische Aussagen (wie das Bekenntnis von Belhar, die Erklärung von Coettesloe und das Kairos-Dokument) und unterstützte die Aufgabe der sozialen und politischen Befreiung in Südafrika.[45]

Als die Apartheid 1994 mit den ersten demokratischen Wahlen in Südafrika zu Ende ging, wurde die Aufgabe, Heilung und Versöhnung zu fördern, den Kirchenführern zur Umsetzung übertragen. Ein bahnbrechender Prozess, die Wahrheits- und Versöhnungskommission (TRC), wurde unter der Leitung von Erzbischof Tutu in ganz Südafrika eingeleitet.

Die TRC war ein offizielles Gremium, das von der neu gewählten Regierung beauftragt wurde, Anhörungen abzuhalten, bei denen die Opfer von schweren Menschenrechtsverletzungen über ihre Misshandlungen berichten konnten. Die Täter hatten die Möglichkeit, auszusagen und Amnestie für ihre Verbrechen zu beantragen.

Die TRC sollte den Opfern die Möglichkeit geben, ihre Geschichte zu erzählen, und den Tätern, die Wahrheit zu sagen und eine Amnestie zu beantragen, damit im "neuen Südafrika" Vergeltung verhindert werden kann. Im Mittelpunkt der

TRC stand der Gedanke der Vergebung und der wiederherstellenden Gerechtigkeit.[46]

HEILUNG VON KONFLIKTEN UND MISSVERSTÄNDNISSEN

Wie alle vorangegangenen Diskussionen zeigen, beinhaltet Versöhnung eine heilende Komponente. Viele der bereits erwähnten offiziellen staatlichen und kirchlichen Eingeständnisse und Entschuldigungen hatten die Heilung als zentrales Ziel. Bei den kirchlichen Entschuldigungen beispielsweise fand im Vorfeld oft ein intensiver Dialog mit den betroffenen Gruppen statt, um sicherzustellen, dass die letztendliche Erklärung deren echte Anliegen widerspiegelt und das Problem nicht noch verschlimmert. Wo dieser Dialog fehlte, wurden die Entschuldigungen nicht oder nicht vollständig akzeptiert.

Diesbezüglich haben Studien über nationale Versöhnungsbemühungen gezeigt, dass eine erfolgreiche Heilung der Beziehungen zwischen zwei Gruppen, die in einen Konflikt verwickelt waren, nur dann möglich ist, wenn sie in der Lage sind, eine konstruktive Kommunikation zu führen, die frei von Stereotypen und negativen Emotionen ist, die sich aus vergangenen schmerzhaften Erfahrungen mit der jeweils anderen Gruppe ergeben[47]. Um die Voraussetzungen für einen solchen Dialog und eine Heilung zu schaffen, sind die folgenden Elemente erforderlich:

(i) eine gemeinsame Analyse der Geschichte des Konflikts;

(ii) offizielle Anerkennung des Unrechts und der historischen Wunden; und

(iii) offizielle Anerkennung der moralischen Verantwortung fällig waren.

(iv) Einbeziehung anderer Organisationen mit direktem Einfluss auf die Gesellschaft als nur die Regierung

Sicher ist, dass die Kirche im südlichen Afrika mit einer Reihe komplexer kontextueller Herausforderungen konfrontiert ist, die ein hohes Maß an Mut und Treue erfordern, wenn der christliche Glaube weiterhin einen positiven Einfluss auf die Gesellschaft ausüben soll.

KAPITEL FÜNF: DIE INITIATIVEN UND DAS ENGAGEMENT DER VEREINIGTEN METHODISTISCHEN KIRCHE IN NATIONALEN HEILUNGS- UND FRIEDENSPROGRAMMEN: THEOLOGISCHE UND PRAKTISCHE PERSPEKTIVEN

5.1 EINFÜHRUNG

Im Laufe der Jahre seit 1980 haben zivilgesellschaftliche Organisationen und Kirchen in Simbabwe in Erfüllung ihres biblischen und moralischen Auftrags unabhängig voneinander friedensfördernde Programme in bestimmten geografischen Gebieten ihrer Wahl durchgeführt. In den letzten fünf Jahren haben einige der Organisationen es jedoch als nützlich empfunden, mit gleichgesinnten Schwesterorganisationen zusammenzuarbeiten, um bestimmte spezifische Maßnahmen durchzuführen. In diesem Sinne haben sich die National Association of Non-Governmental Organizations in Zimbabwe (NANGO), die Christian Alliance, das NGO Forum, andere Organisationen der Zivilgesellschaft und die Heads of Christian Denominations (HOCD), zu denen die Evangelical Fellowship of Zimbabwe (EFZ) gehört, zusammengeschlossen, die Katholische Bischofskonferenz von Simbabwe (ZCBC) und der Kirchenrat von Simbabwe (ZCC) beschlossen, im Forum der Kirchen und der Zivilgesellschaft von Simbabwe (ZCCSF) zusammenzuarbeiten, um die nationale Versöhnung und Heilung auf koordinierte und harmonisierte Weise zu fördern.[48]

Nach der Einsetzung des Organs für nationale Versöhnung und Heilung in der neuen Regierung Simbabwes, die alle Parteien einschließt, begrüßte das Forum diese Entwicklung sehr und nahm Kontakt mit dem Organ auf, um Möglichkeiten der Zusammenarbeit zu erkunden. Das Forum stellte fest, dass Artikel VII des historischen Globalen Politischen Abkommens (GPA) vom 15. September 2008 unter anderem besagt, dass die Parteien Folgendes vereinbart haben:

"... die Einrichtung eines Mechanismus in Erwägung zu ziehen, der in geeigneter Weise darüber berät, welche Maßnahmen notwendig und durchführbar sein könnten, um nationale Heilung, Zusammenhalt und Einheit in Bezug auf die Opfer politischer Konflikte vor und nach der Unabhängigkeit zu erreichen "[49]

Das Abkommen trug der Tatsache Rechnung, dass es in der Geschichte Simbabwes konfliktreiche Perioden gab, in denen politische Gewalttaten verübt wurden, und dass die Simbabwer keinen echten Frieden, keine Einheit und keinen nationalen Zusammenhalt erleben werden, wenn die Verletzungen, der Schmerz und das Gefühl des Verlusts, die durch diese Konflikte verursacht wurden, nicht wirksam angegangen werden.

Diese Zeiträume umfassen:

- Die Zeit vor dem Unabhängigkeitskrieg
- Gukurahundi
- Umverteilung von Land
- Operation Murambatsvina
- Gewalt bei Wahlen
- Andere: wie von den Gemeinden in bestimmten Orten festgelegt

Damit die nationale Versöhnung und Heilung tatsächlich stattfinden kann, muss die gesamte Nation an einem umfassenden, allumfassenden, ganzheitlichen und klar definierten nationalen Prozess teilnehmen, der von einem starken politischen Willen und dem Wunsch nach Versöhnung und Heilung der Nation getragen wird.

5.2 AUFRUF DER VEREINIGTEN METHODISTISCHEN KIRCHE ZUR NATIONALEN HEILUNG

Die Zimbabwe East Annual Conference (ZEAC) der United Methodist Church traf sich vom 11. bis 13. Dezember 2009, um Bilanz über ein Jahr zu ziehen, das in seinem sozio-politischen und wirtschaftlichen Umfeld einzigartig war. Das Thema der Konferenz "A FUTURE WITH HOPE" (Eine Zukunft mit Hoffnung) aus Jeremia 29,11 gewann mit jedem Schritt in diesem Jahr mehr und mehr an Bedeutung: Gott weiß sehr wohl, welche Pläne er für sein Volk hat, Pläne, die nicht schaden, sondern Hoffnung geben. Dies war eine offene Erklärung der obersten beschlussfassenden Gemeinde der Kirche, die den Ton für die offizielle Position der Vereinigten Methodistischen Kirche angab, die sich am Wiederaufbau des Landes durch Hoffnung beteiligt.

Der derzeitige Bischof der United Methodist Rev. Dr. Eben Nhiwatiwa sagte;

> "Der Ruf nach nationaler Heilung ist der ständige Ruf des Evangeliums von Jesus Christus. Wenn Menschen einander entfremdet sind, muss es Vergebung geben. Es ist die Aufgabe der Kirche, diesen Geist der Heilung zu fördern. Für uns Christen ist es ein Testfall, ob wir in der Lage sind, unseren Glauben in unserem Umfeld zu leben." [50]

Der Bischof erläuterte seine Position und die der Kirche zu Fragen der Versöhnung und Friedensbildung. Der Vorsitzende der Konferenz für Verbindungsarbeit, Pfr. Daniel Chitsiku, lobte auf der gleichen Konferenz die Bemühungen aller gesellschaftlichen, politischen und wirtschaftlichen Akteure, den geraubten Nationalstolz wiederherzustellen. Er sagte: "Als Kirche tragen wir durch unsere Teilnahme an verschiedenen Foren des nationalen Heilungs- und Versöhnungsprozesses wesentlich zur Verbesserung unserer Nation bei. Wir beten weiterhin dafür, dass sich in allen Bereichen Vernunft durchsetzt. Wir appellieren an alle, die sich für Frieden und Einheit einsetzen, angefangen bei uns als Kirche, dass es nach all den Wunden, die wir uns gegenseitig zugefügt haben, von wem auch immer und aus welchen Gründen auch immer, an der Zeit ist, dass wir uns zusammensetzen und gemeinsam am Tisch der Brüderlichkeit speisen "[51]. Pfarrer Dr. David Bishau schlug vor, dass Kirche und Gesellschaft auf allen Ebenen ihren Horizont erweitern müssen, um Fragen der nationalen Heilung einzubeziehen.

KIRCHE UND GESELLSCHAFT ALS ORGAN DES "UNITED METHODIST OUTREACH PROGRAMME

Die Rechte und Privilegien, die eine Gesellschaft ihren Mitgliedern zugesteht oder vorenthält, zeigen die relative Wertschätzung, die diese Gesellschaft bestimmten Personen und Personengruppen entgegenbringt. Die United Methodist Church bekräftigt, dass alle Menschen vor Gott gleich wertvoll sind. Sie setzt sich daher für Gesellschaften ein, in denen der Wert jeder Person anerkannt, erhalten und gestärkt wird. Die Kirche unterstützt die grundlegenden Rechte aller Menschen auf gleichen Zugang zu Wohnraum, Bildung, Kommunikation, Beschäftigung, medizinischer Versorgung, Rechtsbehelf bei Beschwerden und körperlichen Schutz und verurteilt Hass- und Gewaltakte gegen Gruppen oder Personen aufgrund von Rasse, ethnischer Zugehörigkeit, Geschlecht, sexueller Orientierung, Religionszugehörigkeit oder wirtschaftlichem Status. Ihre Achtung vor der allen Menschen innewohnenden Würde veranlasst die Kirche, zur Anerkennung, zum Schutz und zur Umsetzung der Grundsätze der Allgemeinen Erklärung der Menschenrechte aufzurufen, damit Gemeinschaften und Einzelpersonen ihre universellen, unteilbaren und unveräußerlichen Rechte einfordern und genießen können[52].

Der Ausschuss für Kirche und Gesellschaft ist dafür verantwortlich, dass die Kirche keine von der Gemeinschaft, in der sie existiert, unabhängige Einheit ist. Wenn die Kirche in die Gemeinschaft hinausgeht, muss sie nach aktuellen Anliegen der Gesellschaft Ausschau halten und diese identifizieren, damit ihre Relevanz auf die Themen ausgerichtet ist, von denen ihre Mitglieder als Gemeinschaft der Kirche profitieren oder unter denen sie leiden. Die Frage der Heilung und Versöhnung ist eine nationale Angelegenheit, die die gesamte Bevölkerung Simbabwes betrifft, die gleiche Bevölkerung, die auch die Kirchengemeinschaft bildet. Der Vorschlag und das Manöver der Vereinigten Methodistischen Kirche haben diese Sichtweise berücksichtigt und beschlossen, eine Kirche zu leiten, die für ihre Gesellschaft und Gemeinde zu jedem Zeitpunkt relevant ist.

5.3 STATUTARISCHE STELLUNG DER KIRCHE ZU FRAGEN DER GERECHTIGKEIT UND VERSÖHNUNG

Für die United Methodist Church basiert der Eckpfeiler ihres Glaubens auf den Statuten, die im Buch der Disziplin verankert sind. Abschnitt 202 (The Function of the Local Church) des Buches der Disziplin der Vereinigten Methodistischen Kirche besagt;

> Die Kirche Jesu Christi existiert in und für die Welt. Die Begegnung der Kirche mit der Welt findet in erster Linie auf der Ebene der Gemeinde statt, die aus einer oder mehreren Ortsgemeinden besteht. Die Ortsgemeinde ist ein strategischer Stützpunkt, von dem aus Christen in die Strukturen der Gesellschaft hinausgehen.[53]

Hier wird die Kirche als die grundlegende Form und Ebene betrachtet, auf der die Gesellschaft die Rolle der Kirche innerhalb der jeweiligen sozialen Struktur wahrnimmt und versteht. Die kirchlichen Strukturen werden in und innerhalb der Menschen eingerichtet, denen sie dienen soll. Die Kirche sollte nicht von den Aktivitäten der Gemeinschaft entfremdet werden, die ihre Bedeutung und Relevanz in sozialer und geistlicher Hinsicht aufrechterhalten. Vor allem in Simbabwe hat sich die Kirche immer für den Aufbau der Nation eingesetzt, indem sie Schulen, Krankenhäuser und Hilfs- und Entwicklungsprogramme im ganzen Land eingerichtet hat. In vielerlei Hinsicht war die Kirche auch maßgeblich an der Befreiung Simbabwes vom Joch des Kolonialismus beteiligt.

Die United Methodist Church hat eine lange Geschichte des Engagements für soziale Gerechtigkeit. Ihre Mitglieder haben oft unverblümt zu kontroversen Themen Stellung bezogen, die christliche Grundsätze berühren. Die frühen Methodisten sprachen sich gegen den Sklavenhandel, den Schmuggel und die grausame Behandlung von Gefangenen aus.[54]

Ein soziales Glaubensbekenntnis wurde 1908 von der Methodist Episcopal Church (North) angenommen. Innerhalb des nächsten Jahrzehnts wurden ähnliche Erklärungen von der Methodist Episcopal Church (South) und von der Methodist Protestant Church angenommen. Die Vereinigte Evangelische Brüdergemeine verabschiedete 1946 anlässlich der Vereinigung der Vereinigten Brüdergemeine und der Evangelischen Kirche eine Erklärung zu den sozialen Grundsätzen. Im Jahr 1972, vier Jahre nach der Vereinigung der Methodistischen Kirche und der Evangelischen Vereinigten Brüderkirche im Jahr 1968, verabschiedete die Generalkonferenz der Vereinigten Methodistischen Kirche eine neue Erklärung zu den sozialen Grundsätzen, die 1976 (und von jeder nachfolgenden Generalkonferenz) überarbeitet wurde.

Die Sozialen Grundsätze sind zwar nicht als Kirchengesetz zu betrachten, doch sind sie ein unter Gebet und Bedacht unternommenes Bemühen der Generalkonferenz, die menschlichen Probleme in der heutigen Welt auf einer soliden biblischen und theologischen Grundlage anzusprechen, wie sie in den Traditionen der Vereinigten Methodisten historisch belegt ist.

In der Präambel der sozialen Grundsätze heißt es;

Wir, die wir uns United Methodists nennen, bekräftigen unseren Glauben an Gott, unseren Schöpfer und Vater, an Jesus Christus, unseren Erlöser, und an den Heiligen Geist, unseren Führer und Wächter.

Wir bekennen unsere völlige Abhängigkeit von Gott bei der Geburt, im Leben, im Tod und im ewigen Leben. Im Vertrauen auf Gottes Liebe bekräftigen wir die Güte des Lebens und bekennen unsere vielen Sünden gegen Gottes Willen für uns, wie wir ihn in Jesus Christus finden. Wir sind nicht immer treue Verwalter all dessen gewesen, was uns von Gott, dem Schöpfer, anvertraut worden ist.

Wir sind Jesus Christus in seiner Mission, alle Menschen in eine Gemeinschaft der Liebe zu bringen, nur widerstrebend gefolgt. Obwohl wir vom Heiligen Geist dazu berufen wurden, neue Geschöpfe in Christus zu werden, haben wir uns dem weiteren Aufruf widersetzt, in unserem Umgang miteinander und mit der Erde, auf der wir leben, zum Volk Gottes zu werden.
Wir verpflichten uns, auch weiterhin mit denjenigen, mit denen wir nicht übereinstimmen, respektvoll ins Gespräch zu kommen, die Ursachen unserer Differenzen zu erforschen und den heiligen Wert aller Menschen zu achten, während wir weiterhin nach dem Geist Christi suchen und in allen Dingen den Willen Gottes tun.

In Dankbarkeit für Gottes vergebende Liebe, in der wir leben und nach der wir beurteilt werden, und in Bekräftigung unseres Glaubens an den unschätzbaren Wert eines jeden Menschen erneuern wir unsere Verpflichtung, treue Zeugen des Evangeliums zu werden, nicht nur bis an die Enden der Erde, sondern auch bis in die Tiefen unseres gemeinsamen Lebens und Wirkens.[55]

Bei allem, was die Vereinigten Methodisten tun, wird grundsätzlich anerkannt, dass Gott der Führer und Wächter ist. Als Kirche wird klar anerkannt, dass die Menschen die Erde als eine Schöpfung Gottes bewohnen, die in Harmonie miteinander und mit dem Rest von Gottes Schöpfung leben sollte. Die Aussage *"...verpflichten sich, weiterhin mit denen, mit denen wir nicht übereinstimmen, in respektvollem Gespräch zu bleiben, die Quellen unserer Unterschiede zu erforschen, den heiligen Wert aller Menschen zu ehren, während wir weiterhin den*

Geist Christi suchen und den Willen Gottes in allen Dingen tun" zeigt, dass die Menschen unterschiedlich sind, aber versuchen sollten, in ihrer Unterschiedlichkeit zusammenzuleben. Die Menschen haben einzigartige Eigenschaften und Wahrnehmungen, die sie von anderen unterscheiden. Diese Wahrnehmungen sollten nicht als Quelle von Konflikten betrachtet werden, sondern zeigen die Macht Gottes, der alle Dinge hell und schön, alle großen und kleinen Geschöpfe geschaffen hat, um ein wunderbares Universum zu errichten. In diesem Glauben sollten die Menschen versuchen, ihre Unterschiede zu verstehen und die Bereiche zu erforschen, in denen sie sich unterscheiden, um die Harmonie zu fördern.

Der Gott, den wir in Jesus Christus kennen gelernt haben, ist ein Gott der Liebe, der Gerechtigkeit, des Friedens und der Versöhnung, und er hat die Gläubigen zu Botschaftern dieser göttlichen Werte gemacht. Die Aufgabe der Kirche besteht darin, Gottes Gegenwart und Wirken in allen Lebensbereichen zu manifestieren. Politik und Wirtschaft sind ernstzunehmende Aktivitäten, die das Leben der Menschen beeinflussen und daher nicht allein der weltlichen Autorität überlassen werden können. Die Kirche ist daher durch das Wesen des Evangeliums beauftragt, sich mit all den Problemen zu befassen, die die Erfüllung dieser Hoffnungen, wie sie von Gott durch Jesus Christus verkündet wurden, behindern: "Ich bin gekommen, damit sie das Leben haben und es in Fülle haben" (Johannes 10,10).

Die Sorge der Kirche um Fragen der guten Regierungsführung, der Gerechtigkeit und des Friedens ist Ausdruck der Sorge Gottes um die Menschheit. Gott hat die Menschen nicht geschaffen, damit sie leiden, sondern damit sie das Leben haben und es in Fülle haben (Johannes 10,10). Leben in

Fülle zu haben bedeutet, geistig, körperlich, emotional, intellektuell, sozial und kulturell zu wachsen und erfüllt zu sein. Der Lebensansatz Christi ist ganzheitlich, und als Jünger Christi hat die Kirche keine andere Wahl, als in ihrer Verkündigung des Evangeliums ganzheitlich zu sein. Daher sind Verkündigung, Gottesdienst und Dienst integraler Bestandteil des Lebens und der Mission der Kirche. Gott will, dass die Menschen frei und glücklich sind. Das ist ein Teil der Implikation der frohen Botschaft der Erlösung durch Christus.

5.4 DIE SICHTWEISE DER VEREINIGTEN METHODISTISCHEN KIRCHE IM VERHÄLTNIS ZU ANDEREN RELIGIÖSE VEREINIGUNGEN

In der Vergangenheit wurden die Initiativen der Kirche zum Aufbau der Nation von drei verschiedenen Plattformen aus verfolgt - der Evangelical Fellowship of Zimbabwe (EFZ), der Katholischen Bischofskonferenz von Simbabwe (ZCBC) und dem Kirchenrat von Simbabwe (ZCC). In jüngster Zeit jedoch hat das gemeinsame und anhaltende Leiden der Menschen in Simbabwe, dessen Ende nicht abzusehen ist, auch die Kirche nicht unberührt gelassen. In dem gemeinsamen Wunsch, dem täglichen Leid und Schmerz unseres Volkes ein Ende zu bereiten, hat sich die Kirche zusammengefunden, um mit einer Stimme, einem Glauben, einer Hoffnung und einer Vision zu sprechen, um das Simbabwe zu schaffen, das wir alle wollen.[56] Die drei oben genannten christlichen Gruppen repräsentieren die wichtigsten Unterteilungen der christlichen Organisationen in Simbabwe: die Pfingstkirchen, die römisch-katholische Kirche und die so genannten Hauptlinienkirchen, zu denen die Vereinigten Methodisten, die Anglikaner, die Lutheraner und andere protestantische Kirchen gehören, die seit der Kolonialzeit in Simbabwe bestehen.

Diese drei Gruppen hatten sich in getrennten Initiativen zu nationalen Themen engagiert, aber 2006 kamen sie nach einer politischen Krise zusammen, die ihre Mitglieder in ähnlicher Weise zu quälen schien. Es wurde zu einem gemeinsamen Anliegen für alle und die Vertreter kamen zusammen, um ein Dokument zu erstellen, das als "Das Simbabwe, das wir wollen" bekannt wurde. "Nur wenn wir uns in unserer Vielfalt vereinen, können wir eine Nation aufbauen, in der Frieden und Wohlstand gedeihen "[57]. Das kirchliche Dokument wurde erarbeitet, um die Fragen zu beantworten, die sich aus der Selbsteinschätzung ergeben: "Wie konnte die Situation im Land zu dem Ausmaß degenerieren, in dem sich das Land befindet, obwohl mehr als 80 % der Bevölkerung Christen sind, darunter viele derjenigen, die politische Führungspositionen innehaben? Was ist aus den christlichen Werten Liebe, Frieden, Gerechtigkeit, Vergebung, Ehrlichkeit und Wahrhaftigkeit geworden? Wo war die Stimme der Kirche, die dazu aufgerufen ist, das Gewissen der Nation zu sein?[58] Die Kirche ist eine göttliche Institution in der Welt, die aus Männern und Frauen besteht, die dazu berufen sind, Gott und der Menschheit durch die Verkündigung eines befreienden Evangeliums und den Dienst zur Linderung des menschlichen Leidens in dieser Welt zu dienen.

Der Rat der Kirchen von Simbabwe (ZCC) hat eine endgültige Stellungnahme zur Beteiligung der Kirche an Aktivitäten zum Aufbau der Nation und zur Friedensinitiative abgegeben. Zu diesen Aktivitäten gehört ein Hirtenbrief des ZCC, in dem die Kirchenmitglieder aufgefordert werden, sich nach Möglichkeit am Prozess der Verfassungsgebung zu beteiligen und mit dem politischen Establishment bei seinen Bemühungen um die Wiederherstellung des Friedens in den Gemeinschaften zusammenzuarbeiten.

5.5 HAUSHALTERSCHAFT FÜR DIE SCHÖPFUNG

Gott schuf das Universum und machte die Menschen zu Verwaltern des Teils, der Erde und ihrer Atmosphäre genannt wird. Als Verwalter ist die Menschheit Gott gegenüber für den Umgang mit der Erde und ihren Ressourcen verantwortlich (Gen 1,26-28). Das Reich Gottes bietet uns nicht nur das Heil, sondern weist auch auf die zukünftige Erneuerung der gesamten Schöpfung hin (Römer 8,18-23). Als Verwalter werden wir daher an dieser heilsamen Zukunft von Gottes Schöpfung teilhaben, indem wir sie schützen, erhalten und wiederherstellen und uns mit den Zusammenhängen zwischen menschlicher Armut und der Erhaltung der Umwelt befassen. Das Gebot, dass wir über die Erde herrschen sollen, bedeutet also nicht, dass wir sie zerstören, sondern dass wir sie bearbeiten und für sie sorgen sollen (Gen 2,15). Herrschaft erfordert einen verantwortungsvollen Umgang mit ihr. Eine solche Haushalterschaft muss das Gemeinwohl der Menschheit hochhalten und gleichzeitig den Zweck, für den jedes Geschöpf bestimmt ist, und die Mittel, die zur Erreichung dieses Zwecks notwendig sind, respektieren. Wenn wir unsere Herrschaft in einer Weise ausüben, die letztlich das schöpferische Potenzial der Natur zerstört oder der menschlichen Familie die Früchte der Schöpfung vorenthält, stellt ein solches Handeln einen Verstoß gegen Gottes ursprünglichen Schöpfungsplan dar. Vielmehr müssen wir Sorge und Verantwortung für Gottes Reich tragen, insbesondere im Interesse der Armen und Ausgegrenzten.

ACHTUNG DES MENSCHLICHEN LEBENS UND DER MENSCHENWÜRDE

Da der Mensch nach dem Bilde Gottes geschaffen wurde, ist das menschliche Leben unantastbar. Es muss alles getan werden, um die Grundrechte eines jeden Mitglieds der Gesellschaft im Einklang mit der Allgemeinen Erklärung der Menschenrechte der Vereinten Nationen (1948) und der Afrikanischen Charta der Menschenrechte und Rechte der Völker (1981), die beide von Simbabwe unterzeichnet wurden, zu schützen[59]. Der Befreiungskrieg wurde hauptsächlich zur Erlangung von Unabhängigkeit und Freiheit geführt. Daher sollte Simbabwe als Volk alles menschliche Leben respektieren. Die absichtliche und vermeidbare Tötung von Menschenleben sollte als unmoralisch und gegen den Willen Gottes betrachtet werden.

Die Kirche betrachtet die Institution der Sklaverei, die Ausübung und Begehung von Völkermord, Kriegsverbrechen und Verbrechen gegen die Menschlichkeit sowie die Aggression als schändliche und grausame Übel. Solche Übel zerstören die Menschlichkeit, fördern die Straflosigkeit und müssen daher von allen Regierungen bedingungslos verboten werden und dürfen von der Kirche niemals toleriert werden.

Die Stärke eines politischen Systems hängt von der vollen und willigen Beteiligung seiner Bürger ab. Die Kirche sollte kontinuierlich einen starken ethischen Einfluss auf den Staat ausüben, indem sie Politiken und Programme unterstützt, die sie für gerecht hält, und sich gegen Politiken und Programme wendet, die ungerecht sind. Dies ist die Position der Vereinigten

Methodistischen Kirche, die sie gemeinsam mit anderen christlichen Organisationen im Lande vertreten hat, um die Frage der nationalen Heilung und Versöhnung zu behandeln

KAPITEL SECHS: HERAUSFORDERUNGEN FÜR KIRCHLICHE INITIATIVEN UND EMPFEHLUNGEN

EINFÜHRUNG

Eine stabile Demokratie in Simbabwe wird so lange ein ferner Traum bleiben, wie das traurige Erbe von Gewalt und Diskriminierung aus politischen Gründen nicht in einem echten und gründlichen Versöhnungsprozess aufgearbeitet wird. Dieser muss historisch gesehen allumfassend sein und sich mit Fragen der Gerechtigkeit in einer Reihe von politischen, sozialen und wirtschaftlichen Handlungen befassen, wobei nicht nur die politischen Führer in Simbabwe, sondern auch die zivilgesellschaftlichen Gruppen und vor allem die Kirche einbezogen werden müssen.

HERAUSFORDERUNGEN FÜR KIRCHLICHE INITIATIVEN

Die Akteure in der Regierung der Nationalen Einheit Simbabwes sind zwar verzweifelt an einer Versöhnung ihrer bösartig zerstrittenen Anhänger interessiert, aber es ist sehr schwierig, einfach den Frieden auszurufen und die Menschen zu zwingen, alles zu teilen, ohne dass die Täter zugeben, dass sie im Unrecht sind und die Verantwortung für ihr Handeln übernehmen. In jenen dunklen Tagen ist viel passiert, und das ist auch heute noch so. Es ist zwar gut für das Land, die nächste Seite aufzuschlagen, aber es ist auch notwendig, sich die vorherige Seite einzuprägen, die Fehler hervorzuheben und zum Wohle der Zukunft zu korrigieren. Im Jahr 1994, als die Südafrikaner ihre Freiheit von der Apartheid erlangten, wurde eine Wahrheits- und Versöhnungskommission eingerichtet, die von wichtigen Persönlichkeiten wie Erzbischof Desmond Tutu geleitet wurde. Es handelte sich um neutrale Personen, die nichts mit der Regierung zu tun hatten und überhaupt nicht parteiisch waren. Dieser pauschale Drang, dass alle jemandem vergeben, ohne dass jemand aufgefordert wird, öffentlich zu sagen, dass er im Unrecht war und was und wer ihn dazu gebracht hat, jemandem etwas anzutun, wird die wirklichen Gräben in unserer Gesellschaft nicht heilen.

Die Medien, die das Land hat, tun sehr wenig, um die nationale Heilung im Interesse der gesamten Nation voranzutreiben. Die nationale Zeitung, der Herald, wird immer noch von der anderen Seite, der ZANU PF, benutzt, um die andere Seite zu verunglimpfen, von der sie behauptet, sie wolle die Einheit und Inklusivität fördern. Der Herald ist damit beschäftigt, die MDC zu verunglimpfen, und auf der nächsten Straße ruft der Präsident der Zanu PF die Menschen auf, Mut zu fassen und einander zu verzeihen. Die Medien sind schon seit langem polarisiert, und es dauert lange, bis sich diese Polarisierung ändert, so dass die Medienberichterstattung beginnt, alle Menschen als Nation einzubeziehen.

Der Modus Operandi im Justizsystem zeigt, dass wir nicht bereit sind für diesen Frieden und die Versöhnung. Der Oberste Richter Tomana sagt, er werde fair und transparent sein und keine Günstlingswirtschaft betreiben, doch seine Günstlingswirtschaft ist unübersehbar. Aktivisten der anderen politischen Strömung werden immer noch ohne Gerichtsverfahren inhaftiert, selbst wenn die Anschuldigungen nur erfunden sind. Sie werden für lange Zeit ohne Gerichtsverfahren festgehalten, während bekannte Täter von der

ZANU PF weiterhin unbehelligt auf der Straße herumlaufen.

Ein weiteres Problem ist die Mitgliedschaft in der Kirche. Die Mitglieder sind nach politischen Gesichtspunkten gespalten und nehmen diese Spaltung mit in die Kirche, was die Initiative der Kirche zur Heilung und Versöhnung durch die Kirche behindert. In der Kirche gibt es Menschen, die sich als MDC und ZANU PF bezeichnen, aber behaupten, Kinder Gottes zu sein, die die Konzepte von Heilung und Versöhnung verstehen.

EMPFEHLUNGEN

Konflikte entstehen durch Voreingenommenheit und Vorurteile in Bezug auf Kultur, ethnische Zugehörigkeit, Geschlecht, Religion, politische Zugehörigkeit, Nationalität und Sprache, die von denjenigen stammen, die die Kontrolle haben. Jede Maßnahme, die helfen will, sollte zunächst die Konfliktperspektiven in den Gemeinschaften aus einem praktischen Blickwinkel verstehen. Setzen Sie die Realität vor Ort mit der nationalen Perspektive in Beziehung.

Verstehen der wichtigsten Konfliktmotivationen und deren spezifischer Kontext und Wechselbeziehungen. Die Gemeinschaft ist in der Lage, sich selbst zu versöhnen und zu heilen. Daher muss jedes Programm zur Heilung und Versöhnung bei der Gemeinschaft ansetzen, anstatt Aktivitäten aufzuerlegen. Die Gemeinschaft setzt sich aus verschiedenen Gruppen zusammen, die sich unter anderem nach Ethnie, Rasse, Geschlecht und Religion unterscheiden. Diese sektorübergreifende Identität der Gesellschaft darf nicht ignoriert werden, sonst wird der Prozess nicht erfolgreich sein.

Die Regierung von Simbabwe sollte sich des allgemeinen Einflusses der Religion, insbesondere des Christentums, in der Bevölkerung bewusst sein und kann die Frage der Heilung und Versöhnung nicht ohne die Einbeziehung der Kirche angehen.

Die Wahrheitsfindung darüber, was während des Konflikts geschah und welche Ursachen er hatte, ist oft ein wichtiger Schritt bei der Schaffung von Frieden nach einem überwundenen Konflikt.

Die Kirchen sind in den letzten Jahren mehrfach aufgefordert worden, eine führende Rolle in Wahrheitsfindungsprozessen zu übernehmen.

Das Erzählen der Wahrheit ist wichtig für die Rehabilitierung derjenigen, die von einem mächtigen Staat als Feinde betrachtet wurden, aber vor allem, um den Opfern (oder ihren Hinterbliebenen) die Möglichkeit zu geben, ihre Geschichte zu erzählen und Zeugnis von dem Schmerz und dem Verlust abzulegen, den sie erlitten haben. Das Erzählen der Wahrheit kann ein wichtiger Bestandteil bei der Schaffung eines neuen Systems der Rechenschaftspflicht und Transparenz sein, wo unterdrückerische Ideologien, Willkür und Geheimhaltung vorherrschten. Die Wahrheit zu sagen ist ein vielseitiger und heikler Prozess, der in tief verwundeten Gesellschaften vielleicht nicht immer möglich oder sogar ratsam ist. Aber ohne Wahrheit (nicht nur im Sinne von Wahrhaftigkeit, sondern auch im biblischen Sinne von Vertrauenswürdigkeit und Zuverlässigkeit) kann eine neue Gesellschaft nicht auf einem festen Fundament aufbauen.

Es kann auch unmittelbare Fälle geben, in denen Rückerstattung und Entschädigung erforderlich sind. Wenn solche Fälle klar sind, ist es wichtig, sie zu berücksichtigen. Es könnte immer noch Personen geben, die während der Konflikte vertrieben wurden und sich immer noch nicht in ihrer natürlichen Umgebung befinden. Sobald solche Bedürfnisse erkannt werden, müssen parallel dazu Wiedereingliederungsprozesse sichergestellt werden.

ENDNOTEN

[1] Kommission für Glauben und Kirchenverfassung (Faith and Order Commission), "The Nature and Mission of the Church. Eine Etappe auf dem Weg zu einer gemeinsamen Erklärung" (Faith and Order Papers Nr. 198; veröffentlicht 2005).
[2] Tutu, DM 1999. Keine Zukunft ohne Vergebung. London: Rider. P. 219
3 ebd.
[4] Hirtenbrief der katholischen Bischöfe, 5. Oktober 2009. Bischöfe rufen zu nationaler Heilung und Versöhnung auf.
[5] Das Simbabwe, das wir wollen. Auf dem Weg zu einer nationalen Vision für Simbabwe, Oktober 2006.
[6] Nhiwatiwa E.B. Bescheidene Anfänge. Eine kurze Geschichte der United Methodist Church Zimbabwe Area. 1997, p 24
[7] Ibid
[8] Ibid
[9] Protokoll der Ost-Zentralafrika-Konferenz 1901-
[10] Kurewa J. W. Z. Die Kirche in der Mission. Eine kurze Geschichte der United Methodist Church. (Nashville: Abingdon, 1997) 19
[11] Ibid
[12] Ebd. S. 46
[13] ebd.
[14] Ebd. S. 34
[15] Nhiwatiwa E. Bescheidene Anfänge. Eine kurze Geschichte der United Methodist Church Zimbabwe Area. 1997: p.24
[16] Kurewa J W Z, Kirche in der Mission, Nashville, Abington, 1997, Seite 31
[17] Ebd., Seite 37-45
7R. Bultman, Jesus Christus und die Mythologie 8 ebd.
20 Collins English Dictionary
[21] L Kristberg "*Coexistence and the Reconciliation of Communal Conflicts*" In Weirner E. ed, The Handbook of Interethnische Koexistenz. The Continuum Publishing Company, New York, 1998 S. 184
[22] Apostelgeschichte 7, Bekehrung des Saulus (RSVP) Die Bibel
[23] Matthey, J 2008. *Komm, Heiliger Geist, heile und versöhne*! Bericht der ÖRK-Konferenz über Weltmission und Evangelisation, Athen, Griechenland, Mai 2005. Genf: ÖRK Publikationen.S.73
24 Sifelani BA honours Dissertation, unveröffentlicht
[25] Katholische Bischofskonferenz von Simbabwe, Hirtenbrief, Nationale Heilung und Versöhnung, Nur Gott kann die Wunden der Betrübten heilen, 1. Oktober 2009.
[26] Mukai. Jesuitenzeitschrift für Simbabwe, Nummer 46. Dezember 2008'
[27] Ebd.
[28] Sifelani BA honours Kapitel 2 Dissertation, unveröffentlicht S.7
29 ÖRK www.mission2005.org, Thema Heilung und Versöhnung: eine Premiere für den ÖRK
[30] Schreiter, R. J. 2008. *Versöhnung als neues Paradigma der Mission...*in Matthey, J 2008. Komm, Heiliger Geist, heile und versöhne! Bericht der ÖRK-Konferenz über Weltmission und Evangelisation, Athen, Griechenland, Mai 2005. Genf: ÖRK-Veröffentlichungen, 213-219.
[31] Santer, M. 1988. *The Reconciliation of Memories in Falconer*, A D (ed) 1988. Reconciling memories. Dublin: The Columbia Press, 128-132.
[32] J Costa, http://EzineArticles.com/?expert=Judith_Acosta, Zugriff am 14. Juni 2010
[33] Tutu, DM 1999. Keine Zukunft ohne Vergebung. London: Rider. P.220
[34] Premierminister R.G. Mugabe nach der Bekanntgabe der Ergebnisse der ersten demeokratischen Wahlen in Simbabwe. April 1980
[35] Canaan S. Banana. Aufruhr und Beharrlichkeit, Simbabwe 1890-1990. The College Press Harare, 1989
[36] de Waal, Victor. Die Politik der Versöhnung. Zimbabwe's First Decade. London: Hurst & Co., 2002. [37] Hirtenbrief der katholischen Bischöfe, 5. Oktober 2009. Die Bischöfe rufen zu nationaler Heilung und Versöhnung auf.[38] ibid
[39] Sifelani BA honours Kapitel 2 Dissertation, unveröffentlicht S.9
[40] ebd.

[41] Das Simbabwe, das wir wollen: "Auf dem Weg zu einer nationalen Vision für Simbabwe" Oktober 2006. S. 14

[42] Ibid
[43] Isichei, Elizabeth. 1995. Eine Geschichte des Christentums in Afrika: From Antiquity to the Present/. New York: William B. Eerdmans Publishing Co. S. 100
[44] ebd.
[45]J. Hendriks und Erasmus, J. 2005. "*Religion in Südafrika: Daten der Volkszählung 2001*". /Journal of Theology for Southern Africa/ 121: 88-111.
[46] Forster, Dion. 2008. *"Gottes Mission in unserem Kontext - Kritische Fragen, Heilung und transformierende Antworten"*. In Methodism in Southern Africa: A Celebration of Wesleyan Mission/. Eds. Dion Forster und Wessel Bentley.
Kempton Park, Südafrika: AcadSA Publishers, 70-99.
[47] Ivan Turok, "Umstrukturierung oder Versöhnung? South Africa's Reconstruction and Development Program", Vol.
19 (1995) *International Journal of Urban and Regional Research*, 317.
[48] CCSF - Nationale Heilung und Versöhnung. Kariba Workshop 12-15 Mai 2009
[49] Artikel VII des Globalen Politischen Abkommens (GPA) vom 15. September 2008
[50] Zeitschrift der Jährlichen Konferenz Simbabwe Ost der Vereinigten Methodistischen Kirche Dezember 2009
[51] ebd.
[52] United Methodist Book of Discipline, Soziale Grundsätze, S. 89
[53] United Methodist Book of Discipline, Funktionen der Ortsgemeinde, Artikel 202
[54] ebd., Soziale Grundsätze. Teil IV
[55] Ibid
[56] Das Simbabwe, das wir wollen: "Auf dem Weg zu einer nationalen Vision für Simbabwe" Oktober 2006, S.4
[57] ebd.
[58] Ibid
[59] Ebd. S. 15

BIBLIOGRAPHIE

Artikel VII des Globalen Politischen Abkommens (GPA) vom 15. September 2008

Bhuku reRuwadzano rweVadzimai veUnited Methodist Church [Buch der Regeln für die Frauen der Vereinigten Methodistischen Kirche'] Umtali: Rhodesia Mission Press, 1969

Banana, Canaan S. (1989) Turmoil and Tenacity, Zimbabwe 1890-1990. The College Press, Harare.

Hirtenbrief der katholischen Bischöfe, 5. Oktober 2009. Bischöfe rufen zu nationaler Heilung und Versöhnung auf.

CCSF - Nationale Heilung und Versöhnung. Kariba Workshop 12-15 Mai 2009 Costa, J.

http://EzineArticles.com/?expert=Judith_Acosta, Zugriff am 14. Juni 2010

de Waal, Victor. Die Politik der Versöhnung: Zimbabwe's First Decade. London: Hurst & Co., 2002

Kommission für Glauben und Kirchenverfassung, "*Wesen und Auftrag der Kirche. Eine Etappe auf dem Weg zu einer gemeinsamen Erklärung*" Faith and Order Papers no. 198; veröffentlicht im Jahr 2005.

Geertz, C. (1985). Religion als kulturelles System. Anthropologische Ansätze zum Studium der Religion. M. Banton. London, Tavistock: XLIII, 176.

Forster, Dion. 2008. "*Gottes Mission in unserem Kontext - Kritische Fragen, Heilung und transformierende Antworten*". In Methodism in Southern Africa: A Celebration of Wesleyan Mission/. Eds. Dion Forster und Wessel Bentley. Kempton Park, Südafrika: AcadSA Publishers

Geschichte der Vereinigten Methodistischen Kirche" *Umbowo* 55, Nr. 12 Dezember 1972

Isichei, E. (1995). Eine Geschichte des Christentums in Afrika: From Antiquity to the Present. New York: William B. Eerdmans Publishing Co.

Zeitschrift der Jährlichen Konferenz Simbabwe Ost der Vereinigten Methodistischen Kirche Dezember 2009

Zeitschrift der Jahreskonferenz von Rhodesien 1931-197

Kristberg, L. (1998) "*Coexistence and the Reconciliation of Communal Conflicts*" In Weirner E. ed, The Handbook of Interethnic Coexistence. The Continuum Publishing Company, New York,

Kurewa J. W.Z.**, Kirche in der Mission: Eine kurze Geschichte der United** Methodist Church. Abingdon Press. Nashville, 1997

Matthey, J 2008. Komm, Heiliger Geist, heile und versöhne! Bericht der ÖRK-Konferenz über Weltmission und Evangelisation, Athen, Griechenland, Mai 2005. Genf: ÖRK-Veröffentlichungen.

Protokoll der Konferenz von Ost-Zentralafrika 1901-1915
Mukai. Jesuit Journal for Zimbabwe, Nummer 46. Dezember 2008'

Nhiwatiwa E. K., Bescheidene Anfänge. Eine kurze Geschichte der United Methodist Church in Simbabwe, 1997

Das Simbabwe, das wir wollen: "Auf dem Weg zu einer nationalen Vision für Simbabwe" Oktober 2006.

Turok Ivan, (1995). "Umstrukturierung oder Versöhnung? South Africa's Reconstruction and Development Program", Vol. 19 International Journal of Urban and Regional Research.

Tutu, DM 1999. Keine Zukunft ohne Vergebung. London: Rider.

Santer, M. 1988. *The Reconciliation of Memories in Falconer*, Reconciling memories. Dublin: The Columbia Press.

Schreiter, R. J. 2008. *Versöhnung als neues Paradigma der Mission. Komm, Heiliger Geist, heile und versöhne!* Bericht der ÖRK-Konferenz über Weltmission und Evangelisation, Athen, Griechenland, Mai 2005. Genf: ÖRK-Publikationen.

Smith E. J. (2008). The book of discipline of the united Methodist church, The United Methodist Publishing House. Nashville, Tennessee

ÖRK www.mission2005.org, *Thema Heilung und Versöhnung*: eine Premiere für den ÖRK

Katholische Bischofskonferenz von Simbabwe, Hirtenbrief, Nationale Heilung und Versöhnung,
Nur Gott kann die Wunden der Bedrängten heilen, 1. Oktober 2009.

Inhaltsübersicht